イエスの実像

彼が歩んだ十字架への道

日暮晩夏

幻冬舎
MC

文庫化に寄せて

世の中に不幸な作品は多い。

本書もその例外ではなく、一度は廃本の憂き目に遭《あ》っている。それが今回文庫という形で日の目を見ることになり、幸せを感じている。

私がイエスの話を聞いたのは、子供の頃で、それから新約聖書にも触れるようになり、様々な経緯を経て現在に至っている。気づけば、この間に七十年もの歳月が流れている。

そうしたなかから生まれたのが本書で、本書は人間イエスの行動をユダヤ史の中に投影し、何故イエスが、十字架への道を歩まなければならなかったのかを問うたものである。

その際私が拘り続けたのは、神としてのイエスではなく、人間イエスとしての視点だった。この視点なくして本書は成立しなかったと思う。

私がこの視点に立ったとき、イエスは様々なことを私に語りかけてきた。ヨハネのこと、ユダのこと、弟子たちのこと、マグダラのマリアのこと。更には福音書における様々な矛盾について語ってくれた。

その有様は本書の一ページ一ページにイエスの肉声として響き渡り、刻印されていると思う。

願わくば、そうしたイエスと私の思いが、いつの日か日本のみならず、広く世界の人々に愛され、新たなイエスの実像として21世紀の時空間のなかに広がっていくことを期待したい。

二〇二〇年五月

まえがき

今から二千年前、ユダヤはローマ帝国の一属領にすぎなかった。北部はガリラヤと呼ばれ、エルサレムからは常に「異邦の地」として蔑《さげす》まれていた。文化的にも宗教的にも政治的にもひどく遅れていたからである。イエスはそのガリラヤの小さな村で生まれた。村の名をナザレと言った。村の東側にはタボル山があり、その山は円錐状のなだらかな丘で、優しい乳房を思わせる形状をもっていた。この山は、故郷のシンボルであり、ナザレ人たちはこの山に親しみを込めて「おっぱい山」と呼んでいた。

一方、古代ユダヤ史のなかでは、女預言者デボラが、ハツオールを討伐すべく軍勢を催したとき、神の意志として「タボル山に進軍せよ」との命を発している。つまりそれは「タボル山へ集結せよ」との意味であり、この言葉は、当時のユダヤ人にとっての愛国的かつ熱烈な合い言葉でもあった。

タボル山は標高五百八十八メートルにすぎないが、地形上周囲を見渡す山であり、ひどく目立つ山でもある。おそらく子供の頃のイエスは、いつもこの山に登り、辺りの山々を眺めて暮らしていたものと思われる。西にはカルメル山が遠望でき、夕日はその山へと落ちていく。そのことは今も昔も変わらない。

カルメル山は預言者エリヤの山とも呼ばれ、エリヤはこの山に拠《よ》って四百五十人もの異教徒であったバアルの預言者と対決し、見事彼らを論破し、近くを流れるキション川で彼らを殺した。彼はそのようにして、ユダヤの人々を再びユダヤの神ヤハウェへと導いたのである。

エリヤは預言者のなかでも屈指の男で、反体制派の象徴的人物として名が高かった。しかも彼は生きたまま天に上げられたという神話も残している。後年ヨハネは、このエリヤの再来と呼ばれた。ヨハネ自身もそれに異を唱えず、そのイメージに追随するかのような言動をとった。無名だったヨハネには、そのようなことも必要だったのだろう。

彼の口癖は「悔い改めよ、神の国は近づいた」というものであり、そしてそれに続く言葉は「荒野で呼ぶ者の声がする。主に道を準備せよ。その道をまっすぐに整えよ」というものでもあった。それはまさに、エリヤの言葉そのものだった。こうした背景をもつタボル山とカルメル山の間を縫って、キション川は流れ下り、やがて地中海へと注ぐ。

その谷間は、デボラの古歌に歌われているメギドの古戦場でもある。

このようにヨハネとイエスの故郷は、ユダヤの英雄たちの旧跡であり、こうした事例に満ちている。おそらくイエスもヨハネも、こうした救国の英雄たちの話を、日々寝物語のように聞かされていただろう。そして彼らが、日々目にしている山や丘や谷は、文字どおり彼らの生きた教科書であり、歴史の象徴でもあった。そこに吹く風は、そうした先人たちの言葉を彼らの耳に直に伝えたはずである。

ガリラヤの語源はヘブライ語のガルであり、ガルとは波のことで、ガリラヤの山々がそのように見えたことに由来する。そうした風景のなかを、白い細い道が糸のように縫っている。風はその上を無言で通りすぎていく。風には過去も未来もなかった。もちろん煩わしいこの世の人とも無縁だった。

イエスの生まれたナザレは、こうしたガリラヤ地方の丘の上の一つである。そこからは、北に万年雪を戴いたヘルモン山が見え、東には遥か遠く美しいガリラヤ湖も遠望できた。それらはともに神の山、神の湖と讃えられたものであり、野には花が咲き乱れていた。

そしてこの地は、ローマ帝国にとっては、東方における軍事的橋頭堡《きょうとうほ》の一つだった。一つはエジプトへ、そして今一つはメソポタミアへと睨みをきかす重要拠点でもあった。

ユダヤの地は大雑把に言えば、南部と北部に分かれている。南部はユダの荒地に代表される半砂漠地帯であり、その地は延々とエジプトへと続き、さらにはシナイ半島へと広がっている。

一方北部は、これとは反対に緑豊かな山々と豊富な水に恵まれている。その意味では、ガリラヤはパレスチナにおける別天地だった。しかしこうしたガリラヤの恵まれた地形は、ガリラヤ人たちの生活にはまったく反映されていなかった。むしろ現実は逆だった。南部が北部を厳しく搾取していたことがその原因である。ユダヤにおけるエルサレム体制はすべてを牛耳っていた。歴史的に言えば、エルサレムはダビデが拓いた街であり、その時代からイエスの時代まで、エルサレム体制は一千年ものあいだ強権をふるい続けたのである。文化的にも政治的にも宗教的にもそうだった。その象徴が、エルサレム神殿である。それは一神教を奉じるユダヤ民族にとっては特別なものであり、かつ絶対的な存在でもあった。要するにエルサレム神殿は宗教の名を借りた権力の象徴的存在そのものだったのである。そしてこの社会的文化的政治的宗教的構図は、人類史上希有の存在だったイエスという特異な人物の生涯を考える時、けっして看過されてはならない現実でもある。

なぜならイエスは、そうした社会構造の下に生まれていたからである。そしてイエスがもし凡庸な子供であり、凡庸な若者だったら、彼は名もない若者の一人として間違いなく歴史の荒波のなかに泡のように消え去っただろう。それが多くの若者の運命でもあった。しかし歴史はそうはならなかった。なぜならこの無名の若者は、その生涯の最後で、人類史上誰もが予想しなかった途轍もない行動に出て、すさまじい劇的なドラマをくりひろげたからである。そして彼はその行為によって、歴史の扉を敢然と開き、ひとり十字架上に果てた。そして同時に彼は、数々の劇的な言葉も我々人類に残して逝った。その余韻は、今もなお全世界に満ちみちている。

本書は、そうしたイエスのビッグバン的歴史行為の、その歴史的背景を探ったものである。

目次

第一章

イエスという男

史上最大のスターと言えば、イエスである。イエスに比肩しうる人物はいない。そして彼は今もなお、万巻の書を埋めている。しかもこの男は、他の男たちと比べると、段違いの存在感をもち、神に比肩されつつ、なおその地位に留まっているという不思議な男でもある。

彼は神を父とし、己をその子とし、その一方で己を人の子とも称した。実にややこしい。その意味では詐欺師のようにも見える。ある意味、とんでもない不遜な男のようにも見えるが、実はそうではない。そのことを証明するかのように、彼は自分の存在を三《さん》位一体《みいったい》として展開し、行動し、微妙にそのバランスをとっている。その結果が今日の彼の姿である。

三位一体とは、創造主としての父なる神と、贖罪者《しょくざいしゃ》キリストとしての存在と、信仰上に顕示された聖霊なるものが、実は唯一なる神の三つの位であって、しかもこの三者は一体であり、その間に優劣の差はないという。これではいよいよわかりにくく、素人目から見るとずいぶん都合のよい見解とも思われる。しかしそうした微妙で危険な地位に我が身を置いたという意味では、釈迦もムハンマドも遠く彼には及ばない。そしてそのことこそが、このイエスという男の独自性でもあった。

だとすれば、この男は一体どのような状況と歴史的背景のなかから生まれてきたのだろう。その意味を問うことはこれから二十一世紀を生きようとする我々にとっての必要事項だと思われる。なぜなら我々は前世紀において、悪魔も目を被うほどの大罪を犯しているからである。それは言うまでもない。あの戦争という美名の下になされた無差別大量虐殺である。それも一度や二度ではなかった。それは尋常なものではなく、恐ろしく大規模で地球的規模のものだった。いくらなんでももういい加減にしないかと、そう叫びたくなるほどである。狂った猿でもこれほどの愚行は犯さないだろう。その点に立ってみると、二千年前、パレスチナの小国ユダヤの小さな村ナザレに生まれた、この無名の男の生涯は、そのなかに様々な矛盾を孕《はら》みながらも、激しく我々の魂を揺さぶるものを秘めている。なぜならそこには彼独自の人生観と、夢と、驚嘆すべき強固な意志が秘められていて、しかもその先に我々人類が夢想もしなかった新たな世界を内包していたからである。そのありようを今から可能な限り具体的に辿ってみたい。その作業は好むと好まざるとにかかわらず、結果として人間イエスの実像に迫る道程となって、その先に我々は彼の隠された肉声そのものを、直に聞くことにもなるだろう。

愛とは何か。そして彼が命を捧げてまで守ろうとしたものが、いったい何だったのか。その恐るべき真相にこれから我々は直面することにもなる。

世界は違うが、世の中には数多くのヒーローが存在する。シーザーも、ナポレオンもそうだし、他にも天才と称される人々は少なくない。シェークスピアも、ゲーテも、ベートーベンもショパンもピカソもそうである。しかしその誰をとっても、到底彼には及ばない。次元が違うからだ。であるなら、どう違うのか。そのことの意味をこれから先、問い続けていくことは、けっして無意味ではないと思う。なぜなら我々人類は、神なき時代と呼ばれたあの大量虐殺の忌まわしい二十世紀をくぐり抜け、こうして二十一世紀という新たな時代へと、今日、足を踏み出しているからである。

そうであるなら、彼が死してほぼ二千年の歳月が経過した今日、改めてこのイエスという男の存在について考えることには大きな意味があると思われる。つまりこの男の正体とは、いったいどのようなものだったのか。そして彼はいったい何を望み、何を捨て、何をなし遂げようとしたのか。そのことを歴史のなかに辿ることは、今日の我々にとってけっして無駄ではない。むしろ、そこにこそ大きな意味が存在するのだと私は思う。

イエスの誕生

イエスが生まれたのは今から二千年前、紀元前六年とされている。しかし、正確なところはわからない。同様に死んだ年も西暦三〇年とされているだけで、正確なところはわからない。生まれた場所については、北ガリラヤの寒村ナザレとするのが有力で、多くの資料はこの点で一致している。

つまりイエスは、ガリラヤ湖を望む丘陵地の寒村、ナザレの大工ヨセフとその妻マリヤの間に長男として生まれた。

福音書には、イエス誕生について様々な逸話が残されている。しかしこの種のものはもともと眉唾ものが多い。イエスに限らず聖者や英雄には、奇跡めいた伝説が多く残っているのが通例であり、その誕生が不思議な力によって彩られていることは、どの民族にも見られることだからである。しかしそうした事実を承知のうえで、イエスにまつわるエピソードについて見ておくことは無駄ではない。なぜならそのことが、凡人とは明らかに違ってしまった彼の人生の、その波乱に満ちた日々を理解するうえで、大いに役立つからである。それは数学における数々の仮定、あの補助線や虚数が、我々人類にとって新たな世界の扉を開いたことにも通じていたからである。私はそう思っている。たとえそれが彼の実像ではなく、虚像であったとしても、虚像であるがゆえに、そこに新たな世界が生まれ、光が生まれ、新たなイエス像が浮かび上がってくることもあり得るからだ。ひょっとしたら、そのことが、新しい人間イエスの実像を探し出すことになるのかもしれない。私は密かにそう願っている。

それではここで、神という地位にのぼりつめた男の、誕生にまつわるエピソードを見てみよう。その多くは、聖書を通じて、すでに世に流布しているものでもある。そしてそれは次のようなドラマとなっている。

まず神のお告げが、イエスの母となるマリヤにあった。大天使ガブリエルが、ある日マリヤに神の子を身ごもったことを告げたのである。

「怖れるな、マリヤよ。お前は神からの恵みをいただいたのだ。見よ、お前は身ごもって男の子を産む。そして、その名をイエスと呼ぶことになる」

ガブリエルの言葉に、マリヤは勇敢に反論した。ルカ福音書には次のように記載されている。

「どうしてそのようなことがありえましょう。私は男の方を知りませんのに」

それに対してガブリエルは次のように説得する。

「聖霊がお前に臨み、至高者の力がお前に及んだのだ。それゆえに、生まれてくる子も聖なる者であって、神の子と讃えられる。見よ、お前の親族エリザベト、彼女も年老いていながら男の子を身ごもった。不妊の女と言われていた女なのに、はや六ヶ月である。神のお言葉にはならざるものは一つもない」

それに応えて、マリヤは次のように言う。

「私は主のはしためです。お言葉どおりになりますように」

ガブリエルの言葉を聞いて、マリヤはその運命を受け入れた。ガブリエルが去ると、彼女は急いでガブリエルの言葉を確かめるべく、エリザベトの家へ向かった。そしてそこで彼女は、天使ガブリエルが彼女に告げたとおりの事実に直面するのである。エリザベトは、ガブリエルが告げたとおり、妊娠六ヶ月であった。そして生まれたのがヨハネである。エリザベトは高齢であり、その初子が男の子であったので、村人は大いに驚き、そのことを大いに話題にした。父のザカリヤは、そのことを照れたのか、村人に、

「この子は、神から授かった子だ」

と公言した。そして、

「その子をヨハネ」

と名付けた。ヨハネなどという名は、彼の一族にはなかった。村人がそのことを問題にすると、ザカリヤは居直って、

「神からのお告げだ」

と反論した。それで村人は一層驚いた。ザカリヤはそれまで、おとなしく目だたない落ち度のない老祭司としてのみ認知されていたからだ。それが今や一変したのである。日頃の彼の気弱な態度はもうどこにもなかった。生気溌剌として、別人のようだった。村人はそのことにも驚いた。それゆえその噂はまたたくまに近郷近在へと広がっていった。

「あのザカリヤに、子が生まれた」と。

「しかも、男の子であった」と。
「そしてその名は神のお告げで、ヨハネと名付けられた」と。
「そうであるなら、その子はいったいどのような子になるであろうか」
人々はそう噂し合ったのである。

およそ人間界に限らず、この世における生命現象は、すべて神秘に満ちている。もちろん現代科学は、そのことを科学的に説明している。しかしそれはけっして十分ではなく、一応の説明にすぎない。そう認識したうえで、その視点に立ってみると、およそ次のようなことが想像可能となる。

つまり二千年前、ユダヤの寒村に生きていた多感な娘マリヤと、長年うまずめと揶揄《やゆ》され続けていた老女エリザベトに、神の悪戯《いたずら》か、突如妊娠の兆候が現れた。挿話は、そうした現実に対処するための彼女たちの話なのである。

現代でも、妻から突然妊娠の事実を告げられれば、理屈はともかく驚き困惑するのが普通である。なぜならそこには新たな生命の誕生だけでなく、要するにそこに新たな現実が、つまりは新たな人生が出現してしまっているからである。彼女たちはその驚きを、神のお告げと表現し、そのように対応したのである。当時の感覚としては、何らおかしいことでなく、ごく普通の感覚だったはずだ。

人がなすこの世の現実の行為とその結果は、常に完璧に結びついているわけではない。人間の知性は、もともとそれほど完璧なものではないからである。その微妙な差こそが現実であり、そこにこそ人間の存在があり、同時に神の存在もある。そしてそのことは、二千年過ぎた現在でも変わらない。現代科学は、あらゆることを説明するが、それは単に説明しているにすぎない。たとえば、我々が存在しているこの世が、無限なのか有限なのかということになれば、我々はまったくのお手上げ状態になってしまう。生命現象とて同様で、その厳密な境界となれば、それはやはり神の領域に属するということにもなるのではないか。

科学がどのように発展しようとも、我々の脳細胞はけっして無と有との境界線を確定できない。同じ理屈で林と森の定義もそれなりに難しく、死と生の狭間となればなおのこと一層容易ではない。現在我々が行っている脳死判定などというものは、単なる便宜的なデータ処理にすぎない。ゼロと一の間には、無限の数が存在する。思うに我々人間の思考は、ある意味で外部との都合のよい会話なのである。それはけっしてすべてではなく、一部なのだ。

だとすれば、福音書で展開されている老祭司ザカリヤと、エリザベトのあいだに生まれたヨハネと、ナザレの大工ヨセフとマリヤのあいだに生まれたイエスの誕生を、それぞれの女性が神のお告げとして受け入れたのは、現代の我々が思うほど奇異なことではない。むしろ子をもうけたことに対する、彼女たちのまっとうな驚きと、それなりの厳粛な感じを表したものだ。そう理解すれば、それはまったく正常な感覚なのである。

実際、当時のユダヤ人は、自分たちを神ヤハウェの民と称し、その子たちを神の子と称してはばからなかった。彼らは神の教えを守り、神を信じ、そして神とともに歩むことを誇りとしていたからである。彼女たちも、そのような世界観と伝統をもっていた。

そしてそのような背景のもとに生まれたのが、ヨハネとイエスであり、しかもこの民は、ながらくのあいだ放浪の民として生き、定住地をもたない少数民族でもあった。それゆえその苦難の歴史も並大抵ではなかった。その意味では誇り高い彼らが、唯一頼りにすることができたのは、神であり、神以外になかった。そうした背景を考えれば、彼らが様々な不安を前に、一途に神との交流を願い、そしてその神との交流を独特の会話として表現し、記録し、成文化し、そのことによって問題解決を図ろうとしたことは当然のことでもあった。現在の我々が、科学的思考によって日々の不安を排除しようとすることと、それは何ら変わらなかったのである。

況《いわん》や、今から二千年も前の時代である。まだ科学はその産声をあげておらず、人々は神の偉大さを知ると同時に、自分たちの小ささも知っていた。そういう時代である。そうであれば、その運命の多くを、自己を超える偉大な神の存在に頼ったとしても、何ら不思議はない。不思議がないどころか、それこそが人間の英知であった。そしてマリヤとエリザベトが生きていた時代というのは、まさにそうした時代であり、イエスとヨハネは、そうした時代に生まれていたのである。

そうであるなら、二人はその時代のなかで自分たちの運命をどのように自覚し、その運命をどのように担い、何を目指して生きようとしたのか。当然そのことを問題にしなくてはならない。以下、その人生とその運命を辿ってみたい。

福音書は当然のことながら、イエスをその主人公としている。イエスの最初の受難と栄光は次のように展開している。マリヤに産み月が近づいていた頃のことである。時代はローマ皇帝アウグストゥスの時代であり、シリア総督キリニウスの時代でもある。ユダヤは絶大な権力をほしいままにしたヘロデ大王の、最晩年の時代でもあった。その時、ローマから、

「全地の住民すべてを登録せしめよ」

との勅令が出た。絶対権力者ローマの指令である。人々はみな登録されるためにそれぞれ生まれ故郷へと赴いた。ヨセフとマリヤも例外ではなかった。彼らはナザレを出て、ダビデの町と呼ばれていたベツレヘムへと向かった。この行為によって、ヨセフは遠い祖先のダビデの家系に属し、その一族に連なる者であるとみなされるようになった。聖書はそう伝えている。

さらにヨセフとマリヤのベツレヘム行きは、以下のような物語を生んだ。

マリヤには、月が満ちるかのように臨月が近づき、彼女の体内では、刻一刻その運命の時が近づいていた。ベツレヘムの町は、登録のための人出でどの宿も満杯だった。そんな最中、とうとう運命の時が訪れた。

すでに夜だった。ヨセフとマリヤはやむなく、近くの納屋に入り、出産の時を迎える。生まれたのは男の子だった。生まれた男の子は布にくるまれ、飼い葉桶のなかに寝かされた。

その時、夜空の星の一つが、突如輝きを増したという。羊飼いたちがそのことに気づくと、空から神のお告げがあった。そのお告げは、次のようなものであった。

「怖れるな、私はお前たちに大いなる喜びを伝えるものである。今日、ダビデの街に、救い主、すなわち主なるキリストが、お前たちのために生まれた。お前たちは近くの納屋で、飼い葉桶のなかに寝かされた嬰児を見出すであろう。それがお前たちへの徴である」

声とともに夜空の星が、まるで神への賛歌を歌うかのようにさざめいた。それはおびただしい天の軍勢のようでもあったともいう。羊飼いたちは、さざめく星々に酔うようにして言い合った。

「神のお告げが降った。さあ一刻も早く、主が私たちに知らせてくださったその嬰児を見に行こうではないか」

その場所はすぐに見つかった。星々が照らし出す問題の納屋は、牧場からそう遠くないところに、ひっそり建っていたからである。そして彼らは神のお告げどおり、その納屋の飼い葉桶のなかに寝かされている嬰児を見つけて、神の来臨を信じた。彼らは興奮し口々に神を賛美し、嬰児に手を合わせつつ、喜び勇んで元の場所へと戻っていった。

そしてこの話は、時をおかずに周辺へと広がった。ベツレヘムからエルサレムへ、さらにエルサレムから四方へのびる街道に沿って、ユダヤ各地へと広がっていった。その噂は、次のようなものであった。

「救世主、ベツレヘムに現れる。待ちに待ったユダヤの王、輝く星の下に誕生す」

その噂をユダヤの支配者であったヘロデ大王は、彼の豪壮なエルサレム宮殿で耳にしていた。最初、彼はその話を、実に馬鹿げた話だと一笑に付した。なぜならユダヤの王は、自分自身であり、その後継者たちもすでにローマの内諾を得て、自分の息子たちに決まっていたからである。しかしそれでいて、彼は自分が不機嫌になっていくことをどうしようもなかった。

そこで彼はその不機嫌さを一掃するため、大祭司をはじめとする主立った祭司、律法学者たちを集めて諮問した。

「新たなユダヤの王が生まれたというが、その場所はいったいどこなんだ」

彼は何食わぬ顔を装いつつ、集まった祭司や律法学者たちに尋ねた。すると祭司と律法学者たちは、口を揃えて答えた。

「その場所は、ベツレヘムです」

訳を聞くと、聖書にそう書かれているというのである。馬鹿らしい話だが、自分が諮問した以上、話は聞いてやらなければならない。それが王としての務めでもあった。彼らが根拠としていた聖書の箇所とは、次のようなものだった。

「汝、ユダの地、ベツレヘムよ……、汝の内よりひとりの君いでて、我が民イスラエルを牧すればなり……」

聞いているうちに、ヘロデはにわかに腹が立ってきた。話のレベルがあまりにも低いからだ。聞いている自分が阿呆らしくなった。それでも彼は、何とか怒りだけは押し殺した。

聖書を相手に腹を立てても仕方ないのである。彼はそのこともよく承知していた。なぜなら彼は何十年もの間、そうしたユダヤ社会のなかで生きてきたからである。それにしてもと、彼は思わないわけにはいかなかった。というのも、彼はこうした多くの阿呆どもを相手に、これまでずっと生きてきたからである。しかもこの阿呆どもが、ユダヤ社会を牛耳っていて、その支配者が自分自身だったからでもある。笑うに笑えないとはこのことであろう。

そこへ侍従がやって来た。彼に面会者があるという。聞けば東方の三博士が面会にやって来て、しかもその理由が、今噂になっている救世主、ユダヤの王についてのことだというのである。

「これは面白いぞ」

と彼が思ったのは当然のことだった。彼は会議を即座に閉じ、謁見の間へと急ぎ渡った。

移動中も、彼はほくそ笑んでいた。この際、この馬鹿たちを十把《じっぱ》一からげにして、片づけてやろう。彼はそう思ったのである。そう思うと、彼の腹立たしさも吹っ飛んだ。

彼は上機嫌で謁見の間へ姿を現し、上機嫌で面会者に会った。

三博士は、ひれ伏すと、次のように口上を述べた。

「ユダヤの王としてお生まれになられた方は、いずれにおられますか。私たちは東方でその星を見ましたので、それで今日ここへ、その方を拝するためにやって来たのです」

ヘロデは呆れた。なぜなら眼の前にいる自分がユダヤの王なのである。それを忘れて彼らはその王に、未来の救世主となる王はどこに生まれたのですかと聞いているのである。博士という肩書きを彼は嘲笑したくなったが、しかしそれは我慢して、上機嫌で対応した。それができたのも、彼は自分の腹のなかに一物をもっていたからである。

「この阿呆どもを、この際ひとまとめにして騙してやろう」

それが彼の考えであった。彼はあくまで上機嫌を装って、答えた。腹のなかではもちろんほくそ笑んでいた。

「我が国の学者たちは、その地がベツレヘムだと言っている。それゆえお前たちもその地へ行って、そのことを詳しく調べ、その幼子を見出したなら、余に知らせてくれないか。余もその子を拝みたいからな」

ヘロデはそう答えた。すでに夜になっていたが、博士たちはその答えを聞き、喜びいさんで、その場を下がり、その言葉と輝く星に導かれてベツレヘム郊外へと出かけ、その嬰児に無事会うことができた。

その様子は、マタイ福音書に次のように描かれている。

「彼らは喜びに満ちあふれ、その納屋に入って行き、その母マリヤと一緒にいる幼児を見て、ひれ伏した。そして彼らは持参した宝の箱を開いて、黄金、乳香《にゅうこう》、没薬《もつやく》などの贈り物を幼児に献《ささ》げた。それから、夢でヘロデのもとへ戻るなとの神のお告げを受けたので、彼らは他の道を通って彼らの国へと去って行った。

彼らが去った後、御使《みつか》いが夢でヨセフに現れた。

『起きて、幼子とその母を連れ、エジプトに逃れ、私が告げるまで、そこに留まれ。ヘロデが幼児を探し出して殺そうとしているからだ』

そこで、ヨセフはただちに起きて、夜の間に幼児とその母を連れて、エジプトへと立ち去り、ヘロデが死ぬまでそこに留まっていた」
一杯食わされたヘロデは怒り狂い、ベツレヘム一帯の幼児を虐殺するよう部下に命じた。世に言うヘロデ幼児虐殺事件である。

二十一世紀の視点

イエスに関するかぎり、福音書をはじめとする聖書の史料的重要性は決定的で、けっして軽んずることはできない。しかしその一方で、我々人類は、歴史的人間の英知や経験もけっして見逃してはならない。なぜならすべてを見ているのは、我々人間だからである。神ではないのである。それゆえ、この地点から多くの問題が噴出してくることも事実である。二千年もの時を経れば、そうした地点に、我々が立たされるのも致し方ないことで、それが歴史というものなのである。我々人間は、そうした時の一刻一刻を常に生きている。それゆえ我々はそのことを軽視してはならない。

歴史を振り返るまでもなく、我々はこれまでキリスト教の美名のもとに、数多くの間違いを犯してきた。現在もそうかもしれない。神の美名のもとに、どれだけ多くの犯罪的行為をしてきたかは、歴史が証明している。それはもちろん神がしたのではなく、我々人間がしたのである。それだけに問題はより深刻だともいえる。しかもその根本原因は、我々人間がもつ本質的気質に内在している。それだけにその克服は容易ではなく、ある意味それはほとんど不可能かもしれないし、それこそ人間に内在する魔性そのものかもしれない。そしてさらに看過できないのは、こうした問題が、現在も果てしなく続いていることである。つまりそれは、過去だけの話ではないのである。

振り返って見れば、人間の歴史は繁栄の歴史でもあるが、同時に人殺しの歴史でもある。この二つの要件は物事の表と裏のようなもので、分かちがたくしっかり結びついている。それは歴史を検証すればすぐにわかることだが、厄介なのは、繁栄と殺人の歴史、つまり戦争がもたらす結果についての関係は、反比例の関係にあるのではなく、皮肉にも比例の関係にある。それは恐ろしいほどの科学の進歩を示し、同時にそれと歩調を合わせるかのように悲惨な現実も出現させている。そしてそれこそが、まさに人間精神の実相を伝えているものでもある。しかもそれは人間精神の輝かしい合理性とも密着し、不可分の関係にもある。人間はその恐ろしい闇の穴から、未だに脱出できずにいる。人間は、人間同士で敵と味方に分かれ熾烈に戦う。愛を説きながら、同時に殺人を犯す。神と正義を唱えながら平気で人を殺す。そしてそれがまさに我々人間の歴史であってみれば、そのことから目をそらすこともできない。

イエス誕生について触れているあいだに、少なからず脇道にそれた。ここからもとの本題に戻りたい。それは人間イエスとヨハネの誕生について、様々な神話とドラマが生まれ、その当否についても多くの問題が発生しているということである。我々人間が二千年もの歴史を背負えば、それも当然である。考えるまでもない。科学は日進月歩する。同時に歴史そのものも厚みを増す。先に挙げた神のお告げによる、エリザベトとマリヤの妊娠、その結果としてのヨハネとイエスの誕生、さらにはマリヤの処女受胎、さらには羊飼いたちの目撃と、三博士の行動、さらにはそれによって引き起こされたヘロデの幼児虐殺事件と、それを避けるためのヨセフとマリヤのエジプトへの逃亡等々、それこそ枚挙にいとまがない。

しかし現代では、こうしたドラマの大半は否定されている。それらは人間の手による単なるドラマにすぎないのだと。そういわれている。たしかにそのとおりだろう。しかしそのドラマを作っているのも我々人間なのである。人間は様々な歴史を作り、様々に科学を進歩させた。そしてその反面、営々としてドラマも創ってきた。そうしたなかにあって、最大の創作は神そのものだったのかもしれない。しかもこの神たるや、姿形もなく、それゆえにその空間を埋めるべく、我々人間は様々な趣向を凝らし、空理空論を駆使し、強弁し、営々として膨大な努力を重ね、英知を結集して、そのための論理構成をなしてきた。

それが現在、我々が保持しているそれぞれの神であり、教理教典である。しかし冷めた見方をすれば、この神概念の創出こそが、人間精神の偉大性を証明すると同時に、その虚構性をも露呈するものかもしれない。だからといって、私は神を断罪する気持ちにはなれない。それというのも、この先は誤解されても困るが、しかしその誤解を怖れずに言えば、神は人間の一部にすぎないからである。その意味で言えば、神がすべてだというのは、明らかに間違っている。ならば人間がすべてかと言えば、それも明らかに間違っている。そんなことはすでに常識で、健全な人なら誰でもわかっていることである。論を労さずとも、わかっているはずだ。子供だって知っている。

そこで……この辺で、この議論を切り上げるのが、おそらくスマートというものだろうが、それも逃げているように取られそうなので、今少し私は、この議論に踏み込んでみたい。どういうことになるか。その先を考えてみたいのである。

つまり人間存在は、奇異に思われるかもしれないが、多くの場合、多種多様の虚偽虚構のなかに存在しているものなのである。そのことをより具体的に言えば、我々の生は過去でもなく、未来でもなく、現在という時のなかにだけある。そして生命はまさにそのなかでのみ懸命に時を刻んでいる、そうした存在にすぎない。そのことをより現実的に言えば、我々はまさに時という目に見えない小舟に乗っているようなもので、その意味で言えば、過去はすでに過ぎ去ったものであり、同様に未来はこれからやって来るであろう時にすぎない。そしてそれらの時に乗ることはけっしてできない。それを夢想することはまさに幻想である。くどいようだが我々人間は、あくまで現在という時のなかにしか存在できないのである。この恐ろしくも透明な、しかしそれでいて絶対的な時空の壁が、我々には存在する。それが生命の証《あかし》であり、そのことを端的に言えば、人間存在の限界をもそれは示している。

そしてそのことをよりわかりやすく言えば、我々人間の外部には、我々人間の存在を遥かに超える外部世界がどこまでも広がっていて、それは単なる空間ではなく、我々の運命をも決定的に左右する鋭い時をも内包しているのである。我々が生命体である限り、この時の壁はいわば絶対的なものであり、ある意味いかんともしがたい運命的要素でもある。生と死を仕分けるものは明らかに時であり、人間の独自性は早くからそのことに気づいていて、その絶対的な壁を越えようとして、生に変わる死の世界、もっとわかりやすく言えば、死後の世界を、つまりは数学で言うところの虚数の概念を取り入れるようにして神の存在を確立し、営々として神を擁立してきたのである。

なぜならそうでもしなければ、我々人間は死という絶対的な領域と対話できず、死後という視界定かならぬ世界との関わりも思考できなかったからである。そしてそのようにして、死および死後の世界を考えたのが我々人間だったのである。そして、繰り返すがそれらを可能にしたのは神という概念の導入だった。そしてそれは一途に恐怖からだった。人間は人間の欠落部分を知っていたのである。それゆえあらゆる民族が神をもった。そこには間違いなく生と死があり、病苦があり、老いがあり、不安と恐怖があった。人はそれらに対抗するために、いわばその存在の弱さを強化するために、あえて言えばその精神の安定を期するために、いわば自分たちの神をもったのである。

そうであれば、イエス・キリストにまつわる神話やドラマを、我々が現代人の視点から勝手に蔑んだり笑ったりすることは適当ではない。それはむしろおろかなことである。そうではなく、むしろそうした神話やドラマを生んだ背景を、我々は謙虚に考えるべきなのだ。当時の人々は何を願い、何を求めてそのような神話を作り、かつそのドラマを愛し、そして今日までそれを営々と支持し続けたのか。そしてさらにより大きな問題は、二千年前、単なるユダヤの一青年であったイエスやヨハネが、なぜそのような神話の主人公になり得たのかということである。

まさにそのことこそが、大袈裟でなく我々人類最大のドラマなのである。

人間イエス

その真相に迫るために、卑近な例から始めたい。まずはイエスであるが、彼には間違いなく兄弟姉妹がいる。福音書はそう明記している。しかし、その姉妹の名は伝えられていない。おそらく当時のユダヤ社会における男尊女卑の風潮を示したものであろう。

その一方で兄弟の名は堂々と伝わっている。ヤコブ、ヨセフ、シモン、ユダというのがそれである。こうした背景を考えると、イエスの家族は、大家族といえないまでも、けっして小家族ではなかった。イエスはそのなかの長男だった。ユダヤ教徒やイスラム教徒に言わせれば、この点だけでも、イエスを神扱いするのは馬鹿げており、況や、イエスにまつわる処女受胎説など狂気の沙汰であり、笑止千万なことだという。彼らの言わんとするところはよくわかるし、たしかにそのとおりだろう。

にもかかわらず、このイエスという男は二十一世紀に入った今日でもなお、けっしてその存在感を薄めることもなく、多くの神話に彩られ、世界最大宗派の開祖として君臨し続けている。

なぜであろう。

理由は無数にある。けっして一つではない。誤解を恐れずに言えば、歴史とか現実とかいうものは、その根拠を尋ねれば、その根底には無数の根拠があり、それぞれに原因と結果があって、そうであるがゆえに、どのようにも理解でき、どのようにも解釈可能で、そしてそれこそが、本来実相というものがもっている本質そのものなのである。

さらに誤解を恐れずに言えば、事実も真実もそうした範疇《はんちゅう》にすっぽり入っているといっても差し支えない。なぜなら、それらを扱っているのは、もともと不確かな人間であり、その不確かな人間同士が受信したり発信したりしているからである。ところが人間は、時にそのことをすっかり忘れて勝手に憤り、いがみ合っている。その意味では愛すべき存在なのかもしれない。

私とイエス

私がイエスについて知ったのは子供の頃だった。何歳の頃だったか、はっきりしないが、姉から聞いたことは確かである。ただそうはいっても、私には四人の姉がおり、その姉が誰だったかということになると……はっきりしない。現在私はもう七十歳を超えているから、話はすでに六十年以上も前ということになる。

それで……その話とは、いったいどのようなものだったかというと、その点だけは妙にはっきり覚えている。

その話は、十字架刑の話だった。十字架刑というのは、十字架の杭に生きた人間を釘付けにするという、あの恐ろしい話だった。その衝撃は、七十年以上たった今日でも、今なお私がよく覚えているほどである。そしてそれはそのまま私のトラウマとなって、現在もなお私の体内で奇妙な熱をもっている。十字架刑というのは、それほどの衝撃だったから、その時、私はある種のパニックに襲われ、そのパニックを緩和するため、次のような質問を姉に発していた。

「そんなに偉い人が、どうして弟子なんかに裏切られたの？」

それに対して賢い姉は、いつもの姉の特権で、うるさい弟に対し次のように答えていた。

「そんなことは知らないわよ、そういうことになってるんだから」

冷静に考えれば、この答えは答えになっていないのだが、元来兄弟姉妹のやりとりは、いつもこのようなものなのである。いちいち結論など求めないものなのだ。そのようなものを求めていたら、日常生活は先へと進まない。互いにその立ち位置さえわかれば、それでよしとするものなのだ。もともと日常生活とは、その程度のものだからである。そうした次元のなかに、人間は生きている。そして物事の大半は過去、現在、未来へと流れて行く。川のように、浮遊物を浮かべ、異物を含み、様々な問題を抱えながら、時に逆巻き逆流し、時に淀み停滞し、海へと流れ続け、蒸発し天に戻り、風に運ばれ、山で雨となり、そうして永久の時のなかでの循環を繰り返す。私における幼い頃の話も、そのようなものの一つだったと思う。

ところが、この話だけはそうではなかった。どういう風の吹き回しだったのかわからないが、この時私が不用意に発した質問は、その後の私の人生に長々と尾を引くようになった。

三つ子の魂百までという。幼い頃の魂、子供の頃の思いや性格は、いつまでも変わらず、直らず、直りにくく、百歳まで続くということである。つまりその時私が不用意に発した疑問は、そのまま時を超えて熾火《おきび》のように私のなかでくすぶり続け、幸か不幸か今になって、その発火点を見出したらしいのである。それが良いことか悪いことかはわからない。なぜなら、熾火が発火するかどうかは人為的現象というより、むしろ自然現象に近いものだからである。ただそのことを前提にすれば、こうも言えるかもしれない。「私はその人生の六十余年という歳月を通して、二千年前十字架に上ったイエスという男に、私ながらの方法でどうやら近づいていったのかもしれないと。そしてそれはまた不遜ながら、こうも言い換えることも可能かもしれない。つまり私流に言えば、イエスの方が、二千年来の歳月を通して、徐々に私に近づいてきたのかもしれないと……」

原因がそのどこにあったのか。そのことを一言で言うことはできないし、適当でもない。むしろ不可能と言うべきであろう。言うまでもないが、人生の岐路、十字路などというものは、無数にあって、それこそ星の数ほどもあるからである。たとえば一日のうち、我々は何度そうした場面に遭遇しているかわからない。それゆえ、その複雑な相互関係などいちいち気にしていたら、それこそ日が暮れてしまう。時間がいくらあっても足りない。紙数がいくらあっても用をなさない。それゆえ私は私の論を、間違っても神学論争などには持ち込みたくない。そんな能力も趣味もない。つまりこれはあくまで私の個人的な思いであり、私の勝手な妄想であり、かつ独断である。それに近いものだと言っていいし、私はそうも思っている。論とはもともとそういう性質のものでもある。つまりこれから私が述べるイエス論は、「私のイエス」であり、私の心の鏡に映ったイエスであると、まず最初にそう断っておきたい。

そして同時にそれはまた、こうも言い換えることもできるかもしれない。私が覗いている世界は、そこに出てくるイエスを通して、いわばそのまま私のイエスの心の鏡につながっていると。

そうとでも考えなければ、二十一世紀に生きているこの私と、二千年前に生きていたイエスという男をつなぐ無線ラインなど、どこにも存在せず、もともと成立しないのである。そんなことは単なる妄想だと言えば、まさにそのとおりなのである。つまりは現在という時を遡って、過去という遥かなる時空に思いを馳せるということは、それほどの困難さを伴うことでもある。

そのことをよりわかりやすく言えば、私の心の鏡はそのままイエスの心の鏡につながっている。そうとでも思わなければ、そしてまたそう妄想しなければ、二千年というはるかな時空の橋を飛び越えていく道などどこにもなく、手段もない。そうした覚悟がなければ、こうした困難な時空を飛び越え、イエスに接近し、彼と会話し、心を通わせるようなことは不可能なのである。つまり私は現代のイカルスだ。そう言っても過言ではないし、私はそう思っている。

ならば私とイエスの心の鏡が、合わせ鏡のように機能すれば、それでことの真相が解明できるかと言えば、ことはそう簡単ではない。

なぜならそこには、謎の人物ユダが介在してくるからである。その意味では、ユダこそが、私とイエスの合わせ鏡かもしれず、イエスを解き明かす本当の鍵かもしれない。その恐れは十分ある。

それゆえ、私はユダの取り扱いをけっして間違ってはならないと思っている。もし間違うようなことがあれば、私はイエスに関するすべてを見失い、私の心の鏡に映し出されるはずのイエス像も、容易に像を結ばず、それだけでなく乱反射を起こして、すべてが雲散霧消してしまう恐れすらある。ユダという人物は、それほど重要な存在だと私は思っている。

「裏切り者のユダ」

として名高いこの男は、同時にまた謎の多い人物でもある。彼は、イエスの十字架への道の、決定的な主導権を握りつつ、同時にイエスの意を体して、その決定的瞬間に、果敢に己の運命をイエスの運命に重ねてみせた男でもある。しかも彼はその行為の後、消息不明となっている。マタイ福音書では罰が当たったとして、ユダは首をくくって満月のなかで死んだということになっており、使徒行伝では、不義で得た報酬で手に入れた地所へ、まっさかさまに落ちて、腹が真ん中から引き裂けて死んだとなっている。いずれが真偽であるのかはっきりしないが、おそらくそう扱わざるを得なかったのだろう。しかし忘れてならないのは、彼がすべてのことを知っていながら、何一つ弁解せず、まるで沈黙こそが金であり、己の背負うべき最大の責務であるかのごとく、最後まで沈黙を押し通したことである。他の弟子たちの軽々薄々ぶりと比べたら、何という違いだろう。私はそのことを思い出すたびに、このユダという男の存在に舌を巻く。聖書に出てくる弟子たちのうち、彼ほど異色で、

「弟子らしくない弟子」

はいなかった。出身地も経歴も、その言動も行動も他の弟子たちとはまったく違っている。もちろんイエスは、そのことを知っていた。知っていたからこそ、彼はユダを他の弟子たちとは切り離して、いわばユダを特別扱いしている。これから続く私の論は、いわばこのイエスのユダに対する特別の扱い、つまりはイエスとユダの二人の立ち位置に関する二人の言動にあると言っていい。そうした観点に立つと、恐ろしいことにイエスは、最初からユダを特別扱いし、最初からその本質を見抜いていたように思われる。裏切りなどというのは、とんでもない話で、その真実はまったく逆だった。よりわかりやすく言えば、イエスのなかに宿ったユダの姿は、イエスに言わせれば、

「この男はけっして私の弟子にするような男ではなく、その本質はより私に近く、それどころか私に匹敵し、さらには私に比肩しうる存在であるかもしれない」

イエスにはユダに対し、そう思っていた気配がある。

さらにそのことを強めて言えば、

「この男こそ、私の背後で、私の直面する様々な相談にも乗ることができ、真に私とともに行動することができる男かもしれないと。そしてその意味でのみ、私はこの男を弟子に迎えることができるはずだと。とすれば、私はこの男を、他の弟子たちと同様には扱うことはできない。なぜならこの男は、すでに私と同様何もかも知っているからだ。だとすれば……彼をどう扱えばよいだろう。

そうだ、彼は私と同様、酒好きだと言っている。そして私と同様、浮世離れしているところもあり、しかも笑ってしまうことに、彼は数字に弱いとも言っている。それも私によく似ている。もし彼が計算高い男なら、それこそ神の使徒には不都合であり、不具合ということになる。であるなら、彼こそ私の会計係にもっともふさわしいのではないか。そうだ、それこそが彼の適任だ。そうすれば、彼と私はいつでもその気になったときに、二人だけで会うことも可能だし、話し合うこともできる。私の方からも、彼の方からも、そのことは容易に可能になる。誰の疑いを受けることもなく、いわば私と彼は合法的に会うことができるのだ。なぜなら彼は私の会計係なのだから」

つまりはこうした推測を可能にするほど、ユダはイエスの世界に食い込んでおり、それゆえ重要であり、かつ、それほどの存在と重みをもっている。

イエスが光なら、ユダはその影であり、両者は物の表と裏の関係にあった。イエスがすべてを知っていたように、ユダもまたそのすべてを知っていた。私はそう思う。要するに両者は同じ地点から、ユダヤの将来と人類の未来とをともに見ていたのである。

その点に留意しつつ、ユダとイエスの思念をこれから辿っていきたいと思う。

その者は生まれてこなければ……

ユダとイエスの思念を辿るうえで具体的指標となるのは、当然のことながら福音書に残されたイエスの言葉である。ところが誰もが知っているように、イエスの言葉は人々の意表を突き、まるで青天の霹靂《へきれき》のように、その心胆を寒からしめるものが多い。特にその会話に限ってみると、そのことはよりはっきりしてくる。私がその会話にわざわざ焦点を絞ろうとするのは、会話こそが、話し手の人柄、実相、そしてその場の雰囲気と実情、さらにはより詳しい人間関係をよりよく反映させるものだと思うからだ。会話は他人の容喙《ようかい》を赦さないだけでなく、福音書の編集者や作者たちの意図をも拒絶する。

巷間イエスの言葉は、人の心を激しくうつものが多く、鋭すぎて寸鉄人を刺すようなものも多い。しかしそれでいて激しく人の心を摑み、人を魅了してやまないのも事実である。そしてそれゆえ、それらは警句とも逆説ともつかない妖しい精彩を放って、人の心に飛び込み、人を虜《とりこ》にし、かつその人を変え、その人生まで変えてしまう。その点から言えば、イエスは間違いなく霊能者といえる。当時の言葉に言い換えれば、天性のラビ、預言者、あるいは救世主とも、メシアともいえるだろう。つまりはキリストなのである。

しかし、こうしたイエスの言葉のうち、どうしても私の心の腑に落ちない言葉が一つある。そしてその言葉は、私の腑に落ちないどころか、まるで私の心の蜘蛛《くも》の巣に引っかかった蝶のように、激しくあがき私を動揺させ私の心を激しく揺さぶる。まるで水面に落ちた一滴の墨汁が波紋を描いて妖しく広がっていくように。

その言葉とは、言うまでもない。あの最後の晩餐の席で、イエスが突如居並ぶ弟子たちを前に彼らに投げつけた言葉である。

イエスは厳かに、しかし淡々と運命を知る者だけがもつ厳粛さで、弟子たちにこう告げる。

「このなかに、私を売り渡す者がいる」

すべてのドラマはこの一言から始まる。慌てたのはもちろん弟子たちである。

「それは誰ですか、この私ですか」

そう驚き、息せき切って尋ねたのは、自らを弟子たちのなかでナンバーワンと自称していたペトロである。イエスはそれには答えず、

「生まれてこなかった方がましだったろうに」

と、さらに激しい言葉を投げつける。まるでペトロなど論外で、眼中になきがごとくである。彼の存在など最初から無視している。私が問題としたいのは、この言葉の恐ろしさである。この言葉とは、もちろん、

「その者は生まれてこなければましだっただろうに」

という言葉である。この言葉を他人がどう捉えるかは、私にはわからないが、私は人類史上これほど恐ろしい言葉はかつてなかったと思う。そしておそらく今後もないと思っている。

それほどこの言葉は、劇的で刺激的でかつ恐ろしい。それをイエスは自分の口から、スイッチオンしたのである。最後の晩餐の席で、しかもそのもっとも劇的な場面で、弟子たちに対し自ら発してみせたのである。思うにこのような場面で、このような言葉を口にできたのは、イエスしかなく、やはりイエスでなければできないことだったと私は思う。

史上名うてのあの英雄たち、シーザー、ナポレオンも、そして古今未曽有の文豪で

あったシェークスピアも、ゲーテもこれほどの衝撃的な言葉を生むことはできなかった。おそらく近づくことさえできなかったろう。その意味では、無数の天才たちも形無しであり、顔色なしである。おそらくイエスを前にしたら、誰も比較にならなかったろう。

ならばその激語、恐ろしくも悪意に満ちたその呪いの一言、

「その者は生まれてこなければましだっただろうに」

というこの言葉は、果たして本当にユダにふさわしかったのかどうか。私にはそのことがずっと気になっていた。そして私が触れたいのも、実はそのことなのである。結論を先に言えば、私はそう思っていないのである。つまりそれがイエスの言葉でありながら、その本当の意味は、まったく別のところにあって、それは巷間受け止められているようなものではなく、その真相は実のところずっと隠されていたのではないかというのが、私の思いでもある。それゆえここからの論は、そのことについての私の論考になっていく。そのことに私が成功するかどうかは別にして、私の意図とはそういうものだと、そう承知しておいてもらいたい。

まずこの言葉についてである。

「その者は生まれてこなかった方がましだっただろうに……」

というのだが、この言葉は、私にはイエスのものとは思えない。もちろんイエスが口

にしたことは間違いないし、その事実も否定しない。それどころか、私はイエス以外にこうした表現を可能ならしめる人間は、人類史上他にはいないとすら思っている。それでいて私は、異を唱えたいのである。なぜなら、この言葉は、イエスという男のもっている人格そのものに反するからだ。そのことについて、私はこれから徐々に考えていきたいと思う。

文は人なりという。そのとおりなのだが、会話で発せられた言葉は、むしろそれ以上だ。なぜなら会話で発せられた言葉は、それ以上の激しさと厳しさをもってその人を表すからだ。会話はそうした力をもっている。なぜならその言葉は、文以上に感情的だからである。そうした思いで、イエスのこの言葉を、もう一度私自身の体のなかで再現してみると、そこには明らかに、別の世界が顔を覗かせていることに気づく。いやそのことに気づかなければならない。そしてそれこそが、その言葉とイエスの人格との落差になる。その落差とはいったいどこからくるのか。その違和感は一体どこからくるのか。その謎に迫ろうとすると、私には、イエスが口にしている言葉は、イエスの言葉とは思えないのである。それほどこの言葉は恐ろしく、挑発的でかつ刺激的であり、しかも決定的である。それはある意味運命的断定的であり、裁判所における死刑宣告そのもののような響きさえもっている。それだけにそれは恐ろしいだけではすまされない。それは冷たく、冷ややかで憎悪に満ちていて、容赦がない。その背後には毒すら含まれている。

その核心には悪意が流れ、その悪意の核心には相手の全人格、全人生、そしてその全存在までをも否定して、なおかつ動じないものが光っている。

ならば……その言葉を発するイエスの強さは、いったいどこからくるのか。その強さは、自分を売ろうとするユダへの怒りからか。それともそうではないのか。もちろん表面的にはユダへの怒りとされ、古来そうだとされている。しかし果たしてそれでよいのか。そんな激しい啖呵を切った後、それでことは円滑に進んでいくのか。表面的にはイエスの啖呵どおりになっていった。なぜならそれがイエスの意志だったからだ。そしてもし、それがイエスの意志だったなら、ユダを裏切り者とすることは、当然のことながら間違いだということになる。ならばイエスの本当の心は、つまり彼の真意はどこにあったのか。そのことが当然問題視されなければならない。

つまりイエスが弟子たちに言ったように、ユダが本当にイエスを売ろうとしていたのか、どうか。それともそうではなかったのかどうか。当然のことながら、そのことが問題にならなければならない。その真相について、私はこれから論を進めていきたいと思う。

最後の晩餐

ユダがイエスを売ろうとしていたのか、その真相をつきとめるためには煩雑ではあるが、福音書における最後の晩餐のありよう、つまりはイエスと弟子たちの実際のやりとりを詳しく見ていく必要がある。なぜならこの最後の晩餐こそ、その後のキリスト者たちのすべてを決定するシーンでもあるからだ。それゆえ、煩雑さを承知のうえで、各福音書における最後の晩餐のシーンを、以下並べてみることにする。

まずマルコ福音書である。マルコ福音書には、その現場が次のように描かれている。

「さて夕方になると、彼は十二人と一緒にやって来た。そして彼らが食事の席について、食べている時、イエスは言った。

『アーメン、私はあなたたちに言う、あなたたちの一人で、私と一緒に食事をしている者が、私を売り渡すだろう』

彼らは悲しんで、一人ずつ彼に言い始めた。

『まさか、この私では』

そこで彼は彼らに言った。

『十二人の一人で、私とともに鉢のなかに自分の食物を手で浸す者がそれだ。というのも、たしかに人の子は彼について書いてあるとおり、去って行く。しかし禍《わざわい》だ、人の子を売り渡すその人は。その者は、生まれてこなかった方がましだったろうに』」

これがマルコ福音書の問題発言の現場である。あとで問題にしたいことがあるので、さらに今少し引用を続ける。有名な箇所でもある。

「そして彼らが食べている時に、彼はパンをとり、神を祝してそれを裂き、彼らに与えて、そして言った。

『取れ、これは私の体だ』

また、杯をとって感謝して彼らに与えた。それでみな、それを飲んだ。すると彼は彼らに言った、

『これは契約のための私の血であり、多くの人のゆえに流されるものだ。アーメン、私はあなたたちに言う、私はもはや二度と葡萄《ぶどう》の木からできたものを飲むことはない、神の王国においてそれを新たに飲む、その日までは』

そこで彼らは賛美歌を歌って、オリーブ山へと出て行った」

彼らが賛美歌を歌ったという点に、特段の注意を払っておいていただきたい。この点について、私はあとで触れるつもりでいる。

次にマタイ福音書を見てみよう。ほとんど変わらないが、公平を期すために同じ箇所

を引用する。

「さて、夕方になると、彼は十二人と一緒に食事の席に着いた。そして彼らが食べている時、イエスは言った、

『アーメン、私はあなたたちに言う、あなたたちの一人が私を売り渡すだろう』

するとと彼らは、はなはだしく悲しみ、一人一人彼に言い始めた、

『主よ、まさか、この私なのでは』

そこで彼は答えて言った、

『私とともに鉢のなかに食物を持った手を浸す者、その者が私を売り渡すであろう。たしかに人の子は彼について書いてあるとおり、去って行く。しかし禍だ、人の子を売り渡すその人は。その者にとっては、生まれてこなかった方がましであったろうに』

そこで、彼を売り渡す者、ユダが答えて言った。

『ラビよ、まさか、この私なのでは』

イエスは彼に言う、

『それはあなたの言ったことだ』

さて、彼らが食べている時に、イエスはパンをとり、そして神を祝してそれを裂いた。そして弟子たちに与えながら言った。

『取れ、食べよ、これは私の体である』

また、杯をとって、そして感謝して彼らに与えて言った、

『みな、そこから飲め。なぜならば、これは契約のための私の血であり、多くの人のため、その罪の赦しとなるように、流されるものだからである。また、私はあなたたちに言う、私は今から後、もはや二度とこの葡萄の木からできたものを飲むことはない、私の王国においてそれを新たにあなたたちとともに飲む、その日までは』

そこで彼らは賛美歌を歌って、オリーブ山へと出ていった」


これらの福音書に対して、ルカ福音書は実にそっけない。しかもイエスの死に対する有名なたとえ話と、弟子の裏切り予告が逆転している。この話題に対するかぎり、ルカ福音書はあまり興味がなさそうである。しかし公平を期すために無駄を承知でそのまま引用する。

「さて、当の時刻になると、使徒たちも彼と一緒に食事の席に横になった。すると彼は彼らに対して言った。

『私は自分が苦しみを受ける前に、この過越《すぎこ》しの食事をあなたたちとすることを願いに願っていた。たしかに、私はあなたたちに言う、神の王国で過越しが満たされるまで、私はこの食事をとることはない』

そして彼は、杯をとって感謝し、言った、

『これを取れ。そしてあなたたちの間でわかち合え。あなたたちに言う、私は今後、葡萄の木からできたものを飲むことはない、神の王国が来るまでは』

そして彼はパンをとり、感謝してそれを裂き、彼らに与え、言った、

『これはあなたたちのために与えられる、私の体である。私を思い起こすために、このことを行え』

また、かの杯についても同じように、食事のあとで言った。

『この杯は、新しい契約である。それはあなたたちのために流される私の血における契約である。しかしながら、見よ、私を売り渡す者の手が、私とともに卓上にある。というのも、たしかに人の子は定められているとおり、死に赴く。しかしながら、禍だ、彼を売り渡すその人は』

すると、彼らの方は、彼らの間でこのようなことをなそうとしているのは誰か、お互いに議論し始めた」

そしてさらにその議論の先は、

「彼らのうちで誰が一番大いなる者と思われるか、という論争も彼らの間で生じた」

と進行している。つまりルカ福音書はこの問題に関するかぎり、まったくのピンぼけで、事の重要性重大性がまったく理解できていないと思われる。事のついでとはいえ、「彼らのうちで誰が一番大いなる者と思われるか」などというのは論外であろう。この

ことは、むしろルカ福音書が、問題の本質を避けたがっているとさえ私には思われる。

最後に、ヨハネ福音書である。ヨハネ福音書は問題の箇所を次のように綴っている。

『あなたがたに言う。あなたがたのうちの一人が、私を売り渡そうとしている』

「弟子たちは、いったい誰のことを言っているのかと当惑して、互いに顔を見合わすばかりであった。彼の弟子たちのうちの一人が、イエスのすぐそばで席に着いていた。それは、イエスが愛していた弟子であった。するとシモン・ペトロが、イエスの言っているのが、いったい誰であるのか、問いただすようにと、この人に合図した。その人は、そのようにイエスの懐近くで食卓に着き、彼に言う、

『主よ、それは誰ですか』

イエスが答える。

『私がパン切れを浸して、与えようとしている人がそれだ』

そして、パン切れを浸してから取ってイスカリオテのシモンの子ユダに与える。パン切れを受け取って後、その時、サタンが彼のなかに入った。

そこで、イエスはユダに言う、

『なすべきことを、早くせよ』

だが、これを何のために言ったのか、席に着いていた人々のうちの誰も知らなかった。

つまりユダが金庫番であったので、ある人たちは、イエスが祭りのために自分たちが欠いているものを買って来いとか、貧しい人たちに何かあげて来いとか言っているものとばかりに思いこんでいたのである。さて彼はパン切れを受け取ると、ただちに出て行った。夜であった」

どの福音書を開いてみても、イエスは複雑な言い回しで、ユダの存在を暗示するだけで直接名指しでは言っていない。暗にそのことを示唆しほのめかし、弟子たちにその役目がユダであることを知らせているだけである。いわばイエスは十二人の弟子たちのなかからユダを選び、指名したのである。そうであってみれば、売ったのはユダではなく、むしろイエスであり、そしてその結果として売られたのはユダだった。そうであれば、その指名権をもっていたイエスの立場は、けっして楽なものではなかったはずである。指名に伴う選択権とは本来そうした性質をもっている。端的に言えば、むしろそれは辛く悲しく苦しいものなのである。それゆえイエスが激しく己を嫌悪し、唾棄したがる気持ちが私には手に取るようにわかる。問題発言は、こうした背景から生まれたのだと私は思う。つまりイエスはこうした激語、「この世に生まれてこなかった方がましであったろうに」という言葉を発することによって、弟子たちのなかに巻き起こるであろう動揺を封じ込め、一切の反論を許さず、その場をみごとに鎮静化させたのだと私は思う。

これがイエスの心理的背景である。ならば、イエスはなぜこのような非常手段をとらなければならなかったのか。そのことについても当然これからさき触れていかなければならない。

その真相

そこで思い出されてくるのが、イエスがエルサレムへの途上、己の運命について、再三にわたり受難予告を繰り返し行っていることである。それはある種の弟子たちへの教育であり、かつまたそれは己への確認であり、覚悟であり、なお過激に言えば、イエスの弟子たちに対する洗脳でもあったろう。しかしできの悪い弟子たちは、そのことが少しもわからなかった。わからないどころか、何のことかと他人事のようにいい加減に聞いていたのである。わかっていたのは、おそらくユダだけだったろう。イエスの苛立ちと悲劇はここにもある。

マルコ福音書は、そのことを三度にわたって警告している。マルコ福音書と言えば、福音書中最初に書かれたとされる福音書でもある。

最初の受難予告は、マルコによる福音書、受難への道にある。それは次のような状況のなかでイエスの口から、直接弟子たちに向けて発せられた。第一回受難復活予告の経緯は次のようである。

イエスとその弟子たちが、カイザリア・フィリッポ近郊の村に行った時のことである。その道すがら、イエスは弟子たちに尋ねてこう言っている。

「人々は、私を誰だと言っているか」

そこで弟子たちはイエスに答えた。

「洗礼者ヨハネ、また他の者たちはエリヤ、しかしまた他の者たちは、かつての大預言者の一人だ、と言っています」

するとイエスは彼らに尋ねた。

「しかしお前たちは私を誰だと言うのか」

ペトロがイエスに言う。

「あなたこそキリストです」

するとイエスは、そのことを誰にも告げないように弟子たちに申し渡し、次のように教え始める。

「人の子は多くの苦しみを受け、長老たちや祭司長たちや律法学者たちによって棄てられかつ殺され、そして三日後に甦らなければならない」

それに対し、ペトロが抗議すると、イエスは烈火のごとく怒り、次のような激しい言葉をペトロに浴びせかける。

「サタンよ、私の後ろに失せよ。お前は神のことがらを思わず、人間のことがらを思っているのだ」

有名な箇所でもある。叱責もここにきわまれりというべきだろう。それがたとえイエスの教えだったとしても、悪魔呼ばわりされた弟子のペトロは、たまったものではなかっただろう。叱られ役と褒められ役のペトロとはいえ、どんな心境だったか。他人事ながらこちらが心配になるほどである。

次に、同じ福音書に収録されている二回目の受難復活予告について見てみたい。こちらは前回の受難予告から一週間ほどたった頃のもので、イエス一行がガリラヤで布教していた時のものである。幸いにして短いので、原文をそのまま採録する。

「そして彼らはそこから出て、ガリラヤを通って行ったが、イエスは誰にも知られることを望まなかった。彼はその弟子たちを教え、彼らに次のように言い続けていたからである。『人の子は人々の手に渡される、そして彼らは彼を殺すだろう、そして彼は殺されて三日後に甦るだろう』

しかし弟子たちはこの言葉が理解できず、また、恐ろしくて彼に尋ねることができなかった」

とある。人の子の運命について、一回目と二回目とに差違はなく、ほとんど同じであるが、気になることはもちろんある。それはイエスが繰り返し人の子の運命について弟子たちに語りながら、その一方で、そのことが他人に漏れることを恐れ、秘密事項であることを繰り返し口にしていることである。これはいったい何を物語っているのか。しかも肝心要の弟子たちはそのことが理解できず、質問することさえ恐れていた。さもあろう。弟子のペトロは先にその件に触れたがゆえに、イエスの逆鱗に触れ、悪魔呼ばわりされたからである。ペトロはアンドレアスの兄であり、弟子たちの筆頭格だった。そのペトロにしてそうなら、他の者たちが口を挟む余地などあろうはずがなかった。彼らはただ雷鳴を聞く子供たちのように小さくなっているより他なかったのである。

いったいイエスはそうまでして何を望み、何を求め、何を守ろうとし、何を実現しようとしていたのか。そのことが当然問題視されなくてはならない。問題にしない方が、おかしいのである。

なぜなら、すでにイエスと弟子のあいだには、この問題を巡って決定的で、しかも抜き差しならない問題が生じてきていたからである。しかもそれは、ほとんど一方的にイエスの方から、宣言されたに等しく、この件に関する限り弟子たちはいつも蚊帳《かや》の外で、それでいてイエスの態度は断固としていて、かつ一方的で、なおかつ悪魔的で異様だった。その最たるものは、ペトロを悪魔呼ばわりしたことでも明瞭だろう。そこにはすでにこの件に関する限り、たとえ弟子であろうと誰であろうと、けっして容喙を許さず、その一切を受け付けず、受け付けようともせず、さらには受け付けたくないというイエスの叫びにも似た決意があったからである。そこには悲痛なまでのイエスの叫びが表出されている。そう理解すべきだろう。

それはいったいなぜなのか、そのことを問題にしたい。そこにはイエスの深まりゆく孤独と孤立感と、さらには異様で悲惨な焦燥感と切迫感が、表明されているからだ。

しかし無能な弟子たちにその真意は伝わらない。彼らは受け止めようともしない。しかしその弟子たちのなかでユダだけは例外だった。そう思う根拠は、この男が一行の会計係というもっとも世俗的で非宗教的な仕事を担いながら、それゆえであろうか、最後の決定的な瞬間に至るまで、他の弟子たちとはまったく関係をもたず、かつもとうともせず、いわば弟子のなかでは、別格の存在として沈黙し、沈黙したままどこまでも息を潜ませていたからである。

言うまでもないが、弟子たちの所在と経歴は、現在それなりにわかっている。ペトロと、アンドレアスは兄弟であり、ヤコブとヨハネも兄弟であり、いずれもガリラヤ湖畔の漁師仲間である。フィリポはバルトマイをイエスに紹介した人物であり、トマスは「疑いのトマス」といわれ、マタイは徴税人として知られている。シモンは、熱心党のシモンと呼ばれ、アルファイの子ヤコブはゼベタイの子ヤコブと区別するため、「小ヤコブ」と呼ばれ、ヤコブの子ユダ、タダイはもう一人のユダと区別するため、イスカリオテでないユダと呼ばれていた。

ところがこのイスカリオテの意味がまったく不明なのである。出身地「カリオテ」が訛ったものだという説や、過激派の殺人者、短剣を帯びた真の勇者を示す「イスカオテ」の意味だという説もあるが、いずれもはっきりしない。つまりそれ以上誰にもわからないのである。そしてもし誰にも真相がわからず、真相がはっきりしないまま、ユダが、平然と己を「イスカリオテのユダ」と名乗り、他人にそう呼ばせていたとしたら、それだけでもこの男の存在は尋常ではなく、恐るべきものだったように私には思われる。ユダだけは他の弟子のように他者との世俗的な関わりを一切もたずもとうともせず、密かに一人孤立しているのである。

しかもイエスは、そのことをまったく問題にせず、平然と黙認し、そのままこの男を受け入れている。明敏なイエスが、一顧だにせず不問に付している態度からすると、この男こそ、イエスが心密かに自分の心を許していた唯一の男だったかもしれない。今風に言えばイエスの黒子、その光と影を自ら背負った男、イエスの隠れた最側近として、黙して語らず、そして自らはその懐刀といった能力を最後まで隠し、そしてその最後の瞬間に誤りなくイエスの意を体して、一散に走り出し、その密告の大役を無事に果たす。つまり彼こそ、間違いなくイエスの十字架への道を切り開いた男であり、そうであるなら当然のこと、この男はクローズアップされなくてはならない。イエスにとって、十字架への道が彼の生涯を懸けた運命なら、ユダもまた間違いなくそれが己の十字架であることに気づいていたはずなのである。そうでなければどうして密告などできるだろう。ユダはユダなりに自分の十字架を背負ったのだ。

ユダとイエス

ここまでくると、この男とイエスの間合いが、他の者とはまったく違うものであることに気づかされる。しかもイエスとユダはここに至るまで、いや最後の最後まで自分たちの特殊な間合いを二人だけのものとし、けっして外部に漏らそうとはしなかった。そして二人は、時にそれを意図的に、そして時にそれらを暗黙裏に秘匿していた。二人は互いにそれぞれ疎遠を演じることで、誰よりも互いを意識し、その存在を確認し合っていた。まるで禁断の愛を確認する恋人たちのように。そうでもしなければ、彼ら二人が抱いた野望の実現はほとんど不可能だったろう。二人にはそうする必要があったのだ。二人は光と影であり、陽と陰であり、一体であり、物事の表と裏であった。二人は足らざる点を互いに補い合ったのだ。イエスは当然何もかも知っていた。そのうえでの二人の行動だった。

そしてユダはそれ以上にイエスを知っていた。二人はあたかも向かい合う鏡のようだった。そういえる。二人はそのように相手を自覚し、認識し、そうであるがゆえに、二人は二人の関係を一切秘匿した。もしこの関係が他人に知られれば、厄介なことになるからである。他の弟子たちに嫉妬される恐れも十分あったからだ。二人はそのことも承知していた。そのうえで、イエスは彼を会計係に指名した。ユダは黙ってそのことを受け入れ、その仮面をかぶり、かぶったまま堂々とイエスと渡り合い、弟子たちとは離れたところで、ひとりイエスに会うこともできた。

各福音書を辿っていて、一番ショックを受け唖然とするのは、福音書に出てくる弟子たちがあまりにも幼稚であることである。おそらく今の中学生でも、これほど幼稚で単純な自分を、外には出さないであろう。

たとえば、マルコ福音書の「ゼベタイの子らの願い」は次のように展開している。彼とはイエスのことである。

「すると、ゼベタイの子らの、ヤコブとヨハネとが、彼に近寄ってきて、彼に言う、

『先生、私たちがお願いすることをかなえていただきたいのですが』

そこで彼は彼らに言った、

『私に何をして欲しいのか』

そこで彼らは彼に言った。

『あなたの栄光のなかで、私たちの一人があなたの右に、一人が左に座ることを私たち

に許してください』」

つまりわかりやすく言えば、イエスの「神の国」運動が成功した暁には、自分ヤコブと弟ヨハネの兄弟を、右大臣、左大臣にしてくれというのである。

この露骨さに、さすがのイエスも怒りを通り越して困惑し、次のように諭して説教しなければならなかった。

「……イエスは彼らに言った。

『あなたたちは何を願っているのかわかっていない。あなたたちは私の飲む杯を飲むことができるのか、あるいは私のこうむる洗礼をこうむることができるのか』

すると彼らは彼に言った。

『私たちにはできます』

しかしイエスは彼らに言った。

『なるほど、私が飲む杯をあなたたちも飲み、私がこうむる洗礼をあなたたちもこうむることになるだろう。しかし、私の右、ないし左に座ることは、私が許してやれることではなく、備えられている者にのみ与えられるのだ』」

死を覚悟し、懸命に「神の王国」を説いて回っているイエスとすれば、この言葉は当然である。おかしいのは、その後に収録されている次の言葉である。

「すると十人はこれを聞き、ヤコブとヨハネに対して激しく怒り出した」

とある。つまりこれは、ヤコブとヨハネの抜け駆けに対し、他の弟子たちが我慢できずに発した言葉であり行動である。とすれば他の弟子たちも裏を返せば、ヤコブとヨハネ同様の心理状態、つまりは世俗的なご利益を念頭において行動していたことになる。つまりは誰もが五十歩百歩だったのだ。

そしてよくいわれることだが、新約聖書のもつ斬新性は、こうした人間的日常的な細部をも忘れずに記載している点にある。新約聖書の卓抜性は、こうした細部にも支えられ、他の宗教書には見られない独自のリアリティーを保持し、信じられない矛盾も、真実だと思い込ませるものをもっている。

原文に十人とあるから、当然そのなかにはユダも含まれている。賢いユダはおそらく原文どおり、そのように振る舞っていたのだろう。こうしたエピソードからしても、イエスとユダの苦労が思いやられる。というのは、ことはこれだけでは終わっていないからである。同じようなシーンが他にもある。前後するが、同じマルコ福音書にそれは出ている。正直に言うとそのシーンはあまりにも短く唐突だったので、私はそれを最初見逃していた。

それは彼らイエス一行が、イエスの第二回受難復活予告に遭遇する地点ガリラヤから、カペナウムに戻って来て家のなかにいた時のことである。

イエスが突然何かを思い出したかのように、弟子たちにたずねるシーンがある。原文にはこうある。

「彼らはカペナウムにやって来た。そこでイエスは家のなかにいた時、彼らにたずねた。『あなたたちは道すがら、何を論じていたのか』

しかし彼らは黙ってしまった。なぜなら彼らは道すがら、誰が自分たちのうちで一番大いなる者か、お互いに論じていたからである。そこで彼は十二人を呼んだ。そして彼らに言う」

ここからはイエスのあの有名な弟子の倫理に関する教えとなる。

「もし人が筆頭の者になりたいと思うならば、彼は万人のしんがりに、万人の奉仕者になるだろう」

趣旨は前例と若干違っているが、大事なことは、こうしたいわば席順に関する話題が、日常的に弟子たちのあいだで、その念頭をしめていたということである。

マルコ福音書の次に、マタイ福音書になると、その思いは一層募り、かつ露骨になる。何となれば、そこには信じられないような光景、つまり教育ママならぬ母親が出てきて、次のようにイエスに迫っているからである。

その章のタイトルは、堂々と「ゼベタイの子らの母の願い」とある。

「そのとき、ゼベタイの子らの母親がその息子たちとともに彼のところにやって来て、彼を伏し拝み、なにごとかを彼に乞い願おうとした。そこで彼は彼女に言った。

『何が欲しいのか』

彼女は彼に言った。

『これら私の息子どもが、あなた様の王国で、一人はあなた様の右に、もう一人はあなた様の左に座れるようにしてください』

しかしイエスは答えて言った。

『あなたたちは何を願っているのかわかっていない。あなたたちは私の飲もうとしている杯を飲むことができるのか』

彼らは彼に言う。

『私たちにはできます』

彼は彼らに言う。

『なるほど、私の杯をあなたたちも飲むことになるであろう。しかし私の右、そして左に座ることは、私がこれを許してやれることではなく、私の父によって備えられている者にのみ与えられるのである』

するとと十人はこれを聞き、二人の兄弟に対して激しく怒った」

母親の登場をのぞけば、このシーンはマルコ福音書と同内容である。このように人が出世を望むことは、今も昔も変わらないのだろう。二千年前の聖書の時代も変わっていない。ここには世俗の人間臭さが、満ちあふれている。そのことはどう世の中が変わろうと、人の世の厳しさもまた変わらないことを象徴している。

もちろんこうした事例は、イエスの卓抜な対応能力と、その独自な世界観を引き出すための装置だったともいえる。聖書編集者たちの狙いも、当然そこにあったものと思われる。それに対し、イエスは人類史上類例のない見事な回答を与え続けている。しかしそのことを十分承知し、配慮し、割り引いてみても、私が各福音書内に感じる弟子たちの宗教音痴ぶりは目に余るし、その教養のなさには唖然とさせられる。そうした役割を福音書のなかで背負わされた彼らがかわいそうにさえ思えるほどである。私が彼らを中学生並み、あるいはそれ以下と酷評するのもそのせいである。であるなら、我々はこうした粗野で無教養な弟子たちを率いたイエスの心労もまた、その一方で理解する必要がある。なぜなら、社会に反旗を翻し、「神の王国」を叫ぶイエスにとって、生前ユダを除けば、他の弟子たちの誰一人として彼の援軍となる者はいなかったからである。

わかりやすく言えば、現実的には足手まといであった。そこからイエスの焦燥感も生じ、彼が再三にわたって受難復活予告を悲鳴のようにあげざるを得なかった背景もそこから浮かび上がってくる。ここで大胆な仮説を、そしてさらには誤解を恐れることなく、そのうえ冗談半分だと断ったうえで、次のような問いを、私は自分自身に問うてみたい。それは私なりの論を進めるためのものでもある。

それはもし私がイエスだったなら、もう少しましな弟子たちを選んだのではないかということである。敵に対して多少なりとも反論のできる弟子たちを。つまり自分の足手まといにならない者を、指導者とすればそうした弟子獲得の視点をもつのが、当然だと思われるからだ。

しかしイエスの行動は、それとはまったく違っている。むしろあえてその逆をいくものであった。あえて言えば、それは無防備、無作為、無警戒の類に属するもので、他人を勧誘するにはあまりに大胆であり、素朴であり、簡潔でもあり、この世では滅多にお目にかかれそうにない詩的現実の舞台をも見事に設定し、しかもイエスはそのなかを何の迷いもなく突き進んでいる。その点でも、イエスはけっして尋常な男ではない。簡明に言えば彼はけっして世俗的な人間ではなく、己の素朴なビジョンのなかに生きることを願った人であり、間違っても功利的で政治的な人間にはなるまいと覚悟し、そうなることを極度に恐れる男でもあった。そしてそれこそがイエスであり、イエスそのものでもあった。

そうであるなら、その出発点になったイエスの最初の弟子獲得シーンを、ここでもう一度確認しておくことも、けっして無駄ではないと思われる。

その有名な箇所は、次のように展開している。

「そしてイエスは、ガリラヤの海辺を歩みながら、シモンと、シモンの弟アンドレアスとが海で網を打っているのを見た。彼らは漁師だったのである。そこでイエスは彼らに言った。

『私の後についてきなさい。そうすればあなたたちを、人間を捕る漁師になれるようにしてやろう』

そこで彼らはすぐに網を棄て、彼に従った。

また少し進んでいくと、彼はゼベタイの子ヤコブとその弟のヨハネを見た。その彼らは、舟のなかで網を繕っているところであった。そこで彼はすぐ彼らを呼んだ。すると彼らは、その父ゼベタイを雇い人たちとともに舟のなかに置き去りにして、彼のあとについて行った」


私のような堅物でも、このように無防備無警戒無作為にアプローチされたら、案外あっさり話を聞いてしまうかもしれない。勧誘者の方に、これという欲得に関する算段がまったく感じられないからである。そうであれば無欲こそ、最高の勧誘術だということになるのかもしれない。イエスの神秘性、直截性、そして比類なき率直性と純粋性、さらには白昼夢にも似た悪魔的魅力もここに潜んでいる。他の弟子たちも似たり寄ったりの状況でその弟子になっていく。多少毛色が違うと思われるのは、徴税人からイエスの弟子に転じたマタイぐらいであろう。

フィリポはバルトマイをイエスに紹介した男であり、アルファイの子ヤコブも、ヤコブの子ユダとして知られるタダイも、熱心党のシモンも、それなりに面識があって、彼らは後に親しい仲間となっている。

他には「疑いのトマス」と呼ばれる男がいる。その特徴は頑固者の大工というところにある。彼はイエスの復活のときに、その言葉を信用しなかったことでこう呼ばれることになった。しかし頑固者に悪人はいないという定説もあり、おそらくトマスは、元大工としての常識的社会人の枠を守ろうとしただけの人物だったのだろう。だから彼にはまったく悪意もなく毒もなかった。つまりはごく常識的な人物にすぎなかったのである。

しかし、ここでもユダだけは例外である。彼は他の弟子たちのように、他との関連を示す何ものも持ち合わせていない。しかも彼だけは他の弟子たちのようにガリラヤの出身者でもない。そしてイエスとの接点もはっきりせず、それでいて堂々と彼らの会計係におさまっている。私に言わせれば、この何も言わず沈黙し、他の弟子たちとけっして接点をもとうとしない、このユダの態度こそ問題なのである。そしてこの異様な弟子の存在にこそ注目しなければ、聖書内の人間模様など何もわからない。

西洋には、「沈黙は金」という諺がある。諺だから様々な解釈も可能だが、その一つの大きなメリットは、沈黙という領域が凡人賢人を問わず様々な想像をそこに掻き立てるということである。私は自分を賢人だとは思わない。凡人と思われても何ら差し支えない。そう思われても結構で、そのことを前提に、以下のような想像をたくましくしてみたい。

それはこのユダという男が、他の弟子たちに比べたら、桁外れの賢さと教養、わけても終末と呼ばれていた当時の社会的政治的宗教的混乱の危機的状況を、誰よりもよく知っていたのではないかということである。そしてその現状認識において、ユダはイエスにも比肩し凌駕しうる何ものかをもっていた。そうであるがゆえに、両者は表面的には何も言葉を交わさずとも、沈黙のうちに互いを理解し合い、お互いの精神のバランスを保つことができた。そうであるがゆえに、各福音書作者たちは、ユダには触れず、何も語ろうとしなかった。私にはそう思われる。

そしてここまで来ると、ユダという男がどれほど特異で、特別の人物であったかということも改めてわかってくる。私がここまで、その後のキリスト教史において、大聖人と呼ばれる弟子たちを、あえて子供扱いしてきた狙いもそこにある。それもこれもユダという人物との比較から生まれてきているのである。もちろん私が、幼稚で、単純で、子供じみていると口汚く罵ってきた弟子たちは、その後大聖人へと飛躍する。その原因は何か、そしてその理由はいったいどこにあったのか。そのことについても触れていかなくてはならない。触れるために私はこの文章を書いているともいえる。順を追って説明したい。理解を容易にするために、先に結論を述べておけば、その道を切り開いたのは、イエスとユダなのである。イエスとユダは苦労して、しかも自らの身を犠牲にして、キリスト教の光を困難な時代のなかへと点灯して見せた。その結果が、今日の我々の社会なのである。イエスなくして、キリスト教は誕生し得なかったし、同時にその後のキリスト教の発展もなければ、大聖人と呼ばれる彼らも存在しなかったはずである。

それではその出発点はどこにあったのか。その点をこれから探ってみたいと思う。

第二章

イエスの弟子獲得

先に私はイエスの弟子勧誘シーンを、無防備無作為無警戒にしたとくどいほどに強調した。たしかに聖書を見る限り、表面的にはそのとおりなのだが、しかし表面だけ見ていては何もわからないというのが、この世の鉄則でもある。私はここまで聖書の表面ではなく、その内面に迫ろうとしてきた。

その視点に立つと、どうしても気になることがある。それは本当にイエスは行き当たりばったりに、いわばイエス流に無作為に弟子になる男たちに声を掛け、そして次々に弟子たちを獲得していったのかという疑問である。私は最初、そうした疑問をもたなかった。聖書を鵜呑みにしていたのである。というのも、その場面は、あまりにも詩的で美しく感動的で、しかも鮮やかすぎるほど劇的で生き生きしていたからだ。だから私は、そこにイエスの作為的な行動を探るような気持ちを、自らに課す気にはなれなかった。そんなことを自分に許せば、そのまま私はイエスの行動を汚すだけでなく、結果的に私自身をも汚すことになってしまうとの思いがあったからである。ただ正直に言えば、イエスの弟子獲得で、イエスが自ら口にする言葉、

「私のあとについてきなさい。そうすればあなたたちを、人間を捕る漁師になれるようにしてやろう」

というその言葉のなかに、私は少なからずイエスの気障《きざ》っぽさを感じていたことは事実である。しかしそのことは、たとえの名手であったイエスにすれば、それはほとんど無意識のうちに彼の内部から飛び出したものにすぎなかっただろう。第一イエスには、我々のように下世話な人間に通弊な気障な感覚など、最初からなかったからだ。彼の天才性は、一瞬にして逡巡を飛び越えてしまう子供の純粋性がそうであるように、言葉と想いと行動が常に一致していた点にある。その点が我々とは大きく違う。

私が気になる問題はその先にあった。それは先にも触れたが、イエスがそうして獲得した弟子たちが、純真無垢なのはいいが、ひどく単純で子供じみていることである。教養に欠け、宗教的にも非凡さが少しも感じられない。今から二千年も前の時代であるから、それも仕方がないのかもしれない。最初私はそう考えた。つまり現代の我々の物差しで測ってはならないのだと。当時の一般労働者の知的水準はこの程度のもので、弟子たちは単にその事例にすぎないのだと。

しかし実態はそうではなさそうなのである。気づいたのは、聖書に現れてくる女性たちの恐るべき知性の高さだ。私は危うくイエスに騙されるところだった。その事実に気づいたのは、ごく最近のことである。何気なく福音書を開いていて、そのことに気づき唖然とし鳥肌が立った。

たとえば、次のような事例を見れば、そのことは明白なのである。

そこに出てくる女性のその鋭い知性と、その切り返しの見事さは、イエス自身をすら驚かせている。

異邦の女の機知

同じタイトルでマルコ福音書にもマタイ福音書にも出ている。まったく同じ内容だが、若干マタイの方がわかりやすいと思われるので、それを採録する。

「そしてイエスはそこから出てくると、テュロスとシドンの地帯へ退いた。すると見よ、その地域生まれのカナン人の女が出てきて、叫んで言った。

『主よ、ダビデの子よ、私に憐れみを。私の娘が、悪霊に憑《つ》かれ、ひどく苦しんでおります』

イエスはしかし、彼女に一言も答えなかった。

そこでイエスの弟子たちがやって来て、イエスに願って言い始めた、

『彼女を去らせてください、私たちの後ろから、叫び続けていますので』

するとイエスは答えて言った。

『私は、イスラエルの家の失われた羊たち以外の者のためには遣わされていない』

すると彼女はやって来て、イエスを伏し拝んで言う、

『主よ、私を助けてください』

するとイエスは答えて言った。

『子供たちのパンを奪って子犬たちに与えてやるのは、よくないと言うではないか』

しかし彼女は言った。

『それはそうです、主よ。しかし子犬たちでも、その主人たちのテーブルから落ちる食べ屑にはありつきますので』

そのときイエスは、彼女に答えて言った。

『おお、女よ、あなたの信仰は実に偉大だ。あなたの望むように、あなたに成るように』

すると彼女の娘は、その時から癒された」

この挿話のなかのイエスの言うたとえ、

「私は、イスラエルの家の失われた羊たち以外の者のためには遣わされていない」

というのはもちろんユダヤ人のことを意味するのだが、そのたとえに対して女は即座に、

「それはそうです、主よ。しかし子犬たちでも、その主人たちのテーブルから落ちる食べ屑にはありつきますので」

と食い下がったのである。女はたしかに、異邦の女だった。だからユダヤ人とは違うのではないかと、そう反論する人がいるかもしれない。しかしその論理は通らないと思う。なぜなら、ユダヤの民はその歴史的発生時点から、「宗教の民」として恐れられるほど教育熱心で、それゆえひどく知的水準が高かったからだ。そして現在もそうである。ユダヤの子供たちは物心つく頃から、聖書に慣れ親しみ、シナゴーグ（ユダヤ教の会堂）に通い、聖書に精通していた。そうした背景を踏まえれば、イエスが勧誘し弟子にした男たちの方が異例なのだ。だとすれば、イエスがさも気楽に不用意に自分の見慣れたガリラヤの若い漁師たちに声を掛けたという私の見立ては、どうやら間違いだったということになる。イエスの真意はそうではなかったのだ。そうではなく、彼はそのように装いながら、どのような男たちを弟子にすべきなのか、心密かにその選択基準をもっていたように思われる。いやもっていたはずなのだ。そうでなければ、いかにイエスといえども、このような者たちと行をともにすることはなかったと思う。

今も昔も宗教というものは程度の差こそあれ、結局それぞれの宗派が、それぞれの戒律を守るところにある。そして宗教の恐ろしさは、そうした蜘蛛の糸がそれに引っかかった人びとの人生を、多くの場合そのまま決定づけてしまうところにある。イエスはその恐ろしさをよく知っていた。だから彼は、けっして安易に声を掛けたのではない。安易さを装っているが、真実はそうではなく、彼なりの厳しい判断基準、選択基準をもっていたのだ。それならその判断基準、選択基準というものは、いったいどのようなものだったのだろう。

イエスは生涯、けっしてそれを口にしようとしなかったが、しかし彼の苛烈な主張と行動がそれを如実に示している。あたかも強い光が、明確な影をその周囲に生むように。

つまりイエスが求めたのは、素朴で純真な魂をもつ者で、従来の古いユダヤの教えに毒されていない人たちだった。イエスにすれば、下手な教養など邪魔だったのだ。必要なかった。「百害あって一利なし」だった。

表現は適当でないかもしれないが、イエスはこの基準で心密かに自分のメガネにかなう若者たちを物色していたのだ。もちろん自分の生まれ育ったナザレで、そのようなことに及ぶ危険は十分承知していたし、といって見知らぬ街で、ことに及ぶ愚さもイエスは十分承知していたはずだ。イエスはけっして単純な男ではなかった。

ガリラヤ湖周辺

そうしたことを考え併せれば、ガリラヤ湖周辺に位置するカペナウムや、ベッサイダは絶好の場所だった。そこは二つの考えが、いやそれ以上の思いや欲望が、様々に交差していた場所だったからである。ナザレとガリラヤ湖は目と鼻の先とはいえないが、さして遠くない。ガリラヤ湖で獲れた魚は塩漬けに加工され、当時ローマにまで輸出されていたという。ガリラヤ湖の西の丘の上に位置していた寒村ナザレのイエスも、貧しい大工の子とはいえ、間違いなくそれを口にしたことはあったはずである。加えてカペナウム周辺には、北の大都シリアのダマスカスから、当時の先進文明であったギリシャの自由な文化が、主要街道の一つ、海の道を通って流れ下っていた。

海の道は遥かエジプトとメソポタミアを結ぶ大動脈であり、寒村ナザレも、カペナウムもベッサイダもこの大きな流れのなかにあり、その周辺にあった。この前提に立つと、イエスにとってカペナウム、ベッサイダは馴染みの街であり、若きイエスは刺激を求めてこれらの街を一人ほっつき歩いていたことは確実であり、幾度もあったはずである。

とすれば、そこにどのようなことが想像されるだろうか。さらにその周辺の街々に注意の目を当ててみると、次のような事実が浮上してくる。それは同じガリラヤ湖周辺の街々でも、西岸のマグダラやティベリアスは豊かであり、それに比べて北岸のカペナウムやベッサイダの漁師は貧しかったということである。その根拠も今でははっきりしている。当時ガリラヤ湖西岸には、ヘロデ・アンティパスが首都としていたティベリアスがあった。ティベリアスはヘロデ・アンティパスがローマの後押しでペレアとガリラヤの分国王となってから造ったもので、彼はローマの恩をわざわざローマ皇帝ティベリウスの名にちなんでそう命名していた。それは父ヘロデ大王が、地中海に面した国際港を開くにあたって、その名をローマ皇帝になぞらえてカイザリアと命名したのと同じ手口であった。一方マグダラの街は、ガリラヤ湖最大の漁場を擁し潤っていた。同じガリラヤ周辺の漁場でも、その漁場の位置によっては、天地ほどの差があったのである。おそらく当時のガリラヤ湖にも厳しい漁業権のようなものが設定されていたのだろう。

ガリラヤ湖周辺は、古来ガリラヤ湖が「神の湖」と讃えられるほど美しく、光と水と緑に包まれて風光明媚な土地でもあった。北には万年雪を被ったヘルモン山が「神の山」と讃えられる勇姿を四季を通じて誇っていた。ある意味そこは天国だった。パレスチナ随一の風景であったからである。しかしこうした天国にも比する景色をもちながら、ガリラヤ湖周辺の庶民の暮らしは極度に貧しく息苦しいものだった。イエスはその矛盾のなかを歩いていた。その一端は当時のカペナウムの行政システムにその顔を覗かせている。

カペナウムにはローマの税関があり、入国税や商品取引税などの徴収を受け持っていた。他にも直接税と称する人頭税や地租税、間接税と称する移動税や市場税などがあった。税という権力は、あらゆる機会を捉えて蜘蛛の巣のように張り巡らされていたのである。これがローマだけの税制であり、他に当然のことながら北部ガリラヤには、ペレアとガリラヤの分国王だったヘロデ・アンティパスの税制もあった。さらにユダヤの国民には、ユダヤ独自の税も課せられていた。それは毎年徴収される神殿税と十分の一税である。神殿税は神殿の管理、十分の一税は神殿に仕える祭司たちの生活を支えるもので、これを払わなければユダヤ国民は、非国民、罪人扱いされていた。税はそれほど苛烈なものでもあった。当時の行政システムは、行政イコール徴税システムであり、行政側は搾り取るだけ搾り、ふんだくるだけふんだくって、その見返りはせず、民を救済するという意識すらなかった。しかもそれは行政に限ったことではなく、宗教界も同じだった。たしかに聖書は、やもめや親なし子、病人や身体障害者の、いわば弱者救済を高らかに謳い、相互扶助の精神をあらゆる箇所で叫んでいた。しかしそれは口先だけのことだった。イエスは幼い頃から、こうした現実を見て育ち、長じた後も、その現実のなかを歩いていた。カペナウムの街には、いやカペナウムの街だけではなかった。ユダヤ全土に、そうした組織から棄てられた人々が、無告の民として傷つき汚れ、よろめきながら街路を歩いていた。唯一の神に救いを求めて。

こうした当時の現実社会を念頭に、もう一度、福音書内にあるイエスの「初めの弟子獲得」の章に焦点を当ててみたい。その章は、次のように展開する。

「そしてイエスは、ガリラヤの海辺を歩みながら、シモンとシモンの弟アンドレアスとが海で網を打っているのを見た。彼らは漁師だったのである。そこでイエスは彼らに言った。

『私のあとについてきなさい。そうすればあなたたちを、人間を捕る漁師になれるようにしてやろう』

そこで彼らはすぐに網を捨て、彼に従った」

淡々とした情景描写で、一切の無駄がなく、比類なき名文である。そしてシモンとその弟アンドレアスにとってのこの一瞬は、人生における彼らの決定的分岐点でもあり、運命的な一瞬でもあった。そのことは間違いない。そこで注目してもらいたいのは、さりげないが、それでいてそこにははっきりとした個人名が、明確に記入されていることである。つまり私が言いたいのは、イエスとシモンたちは、すでにそれなりに顔見知りで、互いに言葉を交わしたことがあり、それなりの人となりを互いに知っていたのではないかということである。そうでなければ、いかにイエスが卓抜な霊能者であったとしても、これほどまであっさり事の成就はならなかったのではないか。もちろん聖書を文学だと言うなら、それでもかまわない。聖書はどこまでも簡潔で比類ない名文で満たされているからである。

もちろんこうした見方に、あまたの反論が出てくるのは目に見えている。その一つは間違いなくこういうものではなかろうか。つまりこのシーンは、イエスの類希な卓越すべき人間像を描いたもので、ここにこそイエスのイエスたる魅力、つまりは幾万人もの人を魅了してやまないその姿があるのだと。実際そのとおりであろう。私自身何十年ものあいだそのように見てきた。あまりのあっけなさに、唖然として、その事実を受け入れてきた。事実や真実はこのようなものであろうかと。多少の寂しさと疑念をもちながら、そういう想いが強かった。しかし同時にまた、この世における実際の事実や真実は、人間にとっては虹を手にしているようなものでもある。こうだと思えばそうでもあり、こうだったと思えばそのとおりでもあるのだ。たとえば山の姿を見る場合、山の姿は見る人の立ち位置によって様々に変わる。見る人が動けば、山も動き刻々その姿を変えるものだ。もちろんそれだけではない。もっとややこしいのは、この世には時間軸という人間に制御できないものが常に回転していて、それが光のプリズムのように作用し、すべてのものを刻一刻変貌させてしまうという事実である。現代物理学ではそのことを不確定性原理という。もちろん私はそのことを比喩的に言っているのだが、それでも山は一つなのである。しかし今触れたように、時間軸のプリズムを通せば、それも怪しくなってくる。つまり私が言いたいのは、イエスを従来のままのイエスにしておいていいのかということである。

私はこのシーンで、イエスがガリラヤの湖岸を歩きながら、網を打つ二人の漁師を視認し、それが自分の知っているシモンと弟のアンドレアスだと認め、それに近づき、そして声を掛け、おそらくは以前から語っていたであろう自らの世界観「神の国」を彼らに示したのではないかと思う。もちろんその殺し文句は「人間を捕る漁師」である。その言葉を口にしたのはイエスの決断だった。イエスの世界に対する闘いはこの一瞬、この彼の一語から始まったと言っても過言ではない。それはイエスなりの一語だったが、問題の重要性は、むしろシモンとアンドレアスの兄弟が、この言葉にすばやく反応し、見事に理解し、即座に網を捨ててその行動に移ったことである。その下地をイエスは一人密かに練り上げ、夢見、その時を待って密かに実行に移したのだろう。

もちろんそのことを逆に言えば、シモンとアンドレアス兄弟は、密かにこの時を待っていたのかもしれない。どちらにとっても、時は満ちていたのである。彼らはイエスの言葉に対して、一言の言葉も発せず、何の反論もせず、待っていましたとばかりにその生活を捨てたのである。漁師である彼らが、即座に嬉々として「網を捨てた」のだ。しかもこれはけっして偶然ではない。偶然と見るにはあまりに劇的である。

その想いを私に強く示唆する箇所が次に続く。

「また少し進んでいくと、彼はゼベタイの子ヤコブとその弟のヨハネを見た。その彼らは、舟のなかで網を繕っているところであった。そこで彼はすぐに彼らを呼んだ。すると彼らは、その父ゼベタイを雇い人たちとともに舟のなかに置き去りにして、彼のあとについて行った」

もはや言うまでもないだろう。ヤコブとヨハネに至っては、その場で即座に親まで見捨てたのだ。彼らの行動に後悔のかけらもなく、一瞬の逡巡もなく、そうした影すらない。イエスの影響力が、どれほどのものだったかがわかるだろう。こうしたイエスの決断と言葉は、こうして獲得された弟子たちに深甚な影響を与え、その心を作り替え、洗脳し、その後の世界の歴史を変えていくことになる。あの空前絶後と思われたローマ、世界に冠たる栄華を誇ったローマ、その歴史的絶頂期にあったローマ帝国までも変えていったのである。

そうであるなら、当然のことイエスの言葉は重い。その言葉は人の心を刺し、千金の重みをもち、鋭い警句となって鳴り響き、時には雷鳴のように轟《とどろ》いて人々を驚かせ、社会を変え、世界をも変えた。しかしその彼の言葉は、当時雑草のようにはびこっていた偽キリストたちのような、その場限りのものであってはならなかった。当然だろう。そうであってはならなかったのである。というのもイエスの言葉の背後には、常に身を賭した覚悟があったし、終末の世への激しい怒りと危機意識があったからである。つまり言葉は神だったのだ。少なくともイエスはそのように自分を信じ、そのように自覚していた。そうであるがゆえに、言葉は神となって、彼の体内をブーメランのように飛び交い、イエスは常に内なる神と対話しつつ己の道を進んでいったのである。

山上の垂訓

イエスの至言、金言とされる言葉は数多い。そしてそのどれ一つをとってみても、目を見張るほど斬新である。読むたびに息を呑む思いがするのは、私だけであろうか。それは人類が天動説から地動説を受け入れていった精神過程、あの衝撃的な日々にも似ているかもしれない。それはコペルニクス的精神の大転回だったし、ある意味、革命的なものでもあった。もちろん最初からイエスの言葉が受け入れられたわけではない。大多数の人にとってイエスの教えは、地動説の場合と同様、最初は半信半疑のものだった。その実態についてこれから触れていきたいと思う。その一つに「汝の敵を愛せよ」というイエスの教えがある。教えは一見何でもないように見えるが、けっしてそうではない。あの膨大な旧約聖書のどこを探してみてもこのような教えはないからである。あるはずもない。なぜなら旧約聖書は、このような教えの対極に立つものだったからである。

弱小とはいえ、モーゼが率いたのは後世ユダヤ民族と称される集団だった。モーゼはその集団をエジプトから目的の地シオンの丘まで導く使命を背負わされていた。それが神の命令だったからだ。目的地シオンまでの道は遠く、その危険は数知れなかった。それゆえモーゼとしては、何としても内部を強固に固めておく必要があった。彼らはそのようにして集団としての結束を固めて、荒野を前進していったのである。しかも彼らの目的は最初から明確だったから、当然のことながら、その変更や妥協は一切許されるものではなかった。それゆえ彼らの行為は、勢い苛烈なものにならざるを得なかった。彼らは神の名を語っていたが、その行為は他者から見れば、侵略行為に他ならなかった。とはいえ現在と昔とでは大きく違う。当時の社会では、遊牧民による他地域への進入と定着は、今のように頭ごなしに非難されることではなく、生存のための一手段だったから、それなりに理解され、一般化しており常態化してもいた。もちろんそのことによる衝突も軋轢《あつれき》も当然のように起きていた。そしてその力関係の移動は、比喩的に言えば、ある意味水が高きところから低きところに流れるようなものだった。そこでは力がすべてだったとは言わないが、人知を含めた力がその大きな要素だったことは間違いない。そうしたなかで滅んでいった人々もいた。そうした環境を考慮すれば、モーゼからイエスまでの千三百年間、つまりは旧約聖書の時代のことを言っているのだが、そこではイエスのように「汝の敵を愛せよ」などという悠長なことを言っている余裕は、まったくなかったのである。

ならばイエスの時代、イエスの言うように「汝の敵を愛せよ」などという余裕があったかと言えば、もちろんそんな余裕はなかった。それゆえ、イエスの言う「汝の敵を愛せよ」という意味の独創性には、イエスならではの凄みがある。どういうことかというと、イエスの抱えていた実情は、モーゼに比すまでもなく、集団などという言葉のかけらもなかった。それはごく少数の限られた身内だけのもので、イエスは村から村へ、できの良くない弟子たちを引き連れ、あてどもなく各地を布教していたにすぎない。それがイエスの実状だった。そしてこの場合、私がわざわざイエス一行の旅を、あてどもなくと表現している意味は、わかりやすく言うと、イエスの教えはあまりに高尚すぎていて、それゆえ現実とはほとんど接点をもたず、交差もせず、接触もせず、それゆえイエスに言わせれば、イエスの教えはこの世のものではなく、人の心のなかのありうべき理想に近いものだった。それらは夜空の星々のように美しくはあったが、その実現性はとなると、なきに等しかった。イエスは布教中、「神の王国」を人に問われて「それはお前たちの心のなかにある」との見事な回答を与え、その教えが、この世の現実のなかにあるのではないことをはっきり示している。そして実際イエスの教えは、その後二千年たった現在でも、果たして実現したかと言えば、それは大いに疑わしいと言わねばならない。実際のところはどうかと言えば、やはりそれはイエスが口にしたとおりなのではないか。つまりそれは二千年前イエスが口にしたように、依然イエスの言う「神の王国」とは、私たちの心のなかにあるというのが正しいのであり、宗教とは本来そういうものでもある。その意味でイエスの予言は当たっている。

またイエスは、己の直感を直に信じる男でもあった。そして自分を信じるとともに人をも神をも信じた男でもある。その一途さが、彼の高貴な人格を形成している。彼は自分のビジョンの高貴な真実性を知っていたが、しかしそうかといってその実現性には固執しなかった。なぜならその困難さを誰よりもよく彼は熟知していたからである。もし彼がそのことを軽視していたら、彼は間違いなく悪魔になっていたろうし、神の代理者にもなれなかったろう。けれども彼が口にした「汝の敵を愛せよ」という言葉の裏には、「敵を愛する」ことによって、敵そのものを消滅させてしまうという人間精神の驚くべき不可思議さも秘められていた。と言うのもイエスという男は、この言葉を発することによって、人類史上最初に、この精神の不思議な高みに上った男だったからである。私はそう思う。そうであるなら、我々はイエスの言うとおりにはできなくても、せめてその真似だけでもする価値があるのではないか。イエスもそれくらいのことは、後世の我々に期待していただろう。そして巷間、この言葉のなかの敵というのは超大国ローマのことであり、より具体的にはユダヤ当局のことであり、さらに具体的に言えば、日々イエス一行を非難し迫害する人々のことであったともいう。おそらくそのとおりだったろう。しかしそうであればあるほど、イエスの言うこの言葉の意味は、とてつもなく重い。なぜなら愛は従来そのような相手を対象にしていなかったからである。イエスはその点を踏まえ、次のように言っている。

福音書のなかの「愛敵」という箇所がそれである。少々長いがあえて引用する。

「お前は、己の隣人を愛するであろう、『そしてお前の敵を憎むであろう』と言われたことは、聞いたことがあろう。しかし、この私はあなたたちに言う、あなたたちの敵を愛せよ、そしてあなたたちを迫害する者のために祈れと。そうすればあなたたちは、天におられるあなたたちの父の子らとなるであろう。なぜなら父は、悪人たちの上にも善人たちの上にも、太陽をのぼらせ、義なる者たちの上にも不義なる者たちの上にも、雨を降らせてくださるからである。というのも、あなたたちを愛してくれる者たちを愛したとて、あなたたちは何の報いを受けるというのか。徴税人たちでも同じことをしているではないか。また、あなたたちの兄弟たちだけに挨拶したとて、あなたたちは何の優れたことをしているというのか。異邦人たちでも同じことをしているではないか。だから、あなたたちの天の父が全き者であられるように、あなたたちも全き者となれ」

読めば読むほどこのイエスの言葉は、含蓄に富んでいて、そこには圧倒的な美しさと威厳さ、さらには圧倒的な説得力をもっている。しかもイエスは「敵を愛する」ことの難しさも知っていた。そのためにイエスは畏れ多くも、神すらこの場に引っ張り出している。そして言う。

「我らの父ですら、義なる者の上にも不義なる者の上にも、太陽をのぼらせ、雨を降らせているではないか」

そしてイエスはまた言う。

「あなたたちを愛してくれる者たちを愛したとて、何の報いを受けるというのか。徴税人たちでも同じことをしているではないか」

さらにイエスは畳みかけて言う。

「自分たちの兄弟たちだけに挨拶したとて、何になろう。異邦人たちでも同じことをしているではないか」

そして、イエスの結論はこうなっているのである。

「あなたたちの天の父が、全き者であられるように、あなたたちも全き者となれ」

と。

ここにはイエスという人間の破格の人間性と大胆さが、その詩的魂とともに如実に示されている。比喩の巧みさは言うまでもないが、より重要なのはその言葉の背後に脈打っている愛の精神であり、消えることのない我々人間への励ましである。

「神が全き者であられるように、あなたたちも全き者になれ」

とは、何という雄々しくも晴れがましい言葉であろう。まぶしすぎるほど、まぶしい言葉である。多くのキリスト者が殉教していった背後にはこうした言葉があったからだ。このようなイエスの殺し文句は、イエスがいかに天性のラビであったかを恐ろしいほどに物語っている。しかもイエスのこうした説法はここだけではない。その教えは聖書全編に及んでいる。そうであれば、私がここでその一つ一つを辿ったり解説したり、あるいは一覧表にしてそれらを紹介することなどは愚かなことだし、必要でもなく、適当でもない。むしろ人はそれぞれの思いで、イエスその人の、人となりをそれぞれ辿るべきであろう。そう指摘しておいたうえで、私がもっとも好きな「山上の垂訓」と並んで、今一つ好きな章句を紹介しておいて、先に進みたい。

それは通称「主の祈り」といわれるもので、イエス自らが「このように祈りなさい」と示したものである。

「天におられる私たちの父よ、御名が崇められますように。
御国が来ますように。
御心が行われますように、
天におけるように、地の上にも、
私たちに必要な糧《かて》を、今日与えてください。
私たちの負い目を赦してください。
私たちも自分に負い目のある人を赦しましたように。
私たちを誘惑に遭わせず、悪い者から救ってください」

誰もが知っている、平凡な章句かもしれない。しかしここには、イエスという人間独自の優しさと謙虚さ、さらには一途な思いが込められている。キリスト者でなくとも、それを感じることは容易であろう。私が心惹かれるのもそこにある。イエスの言葉は、新たな価値変革と新たな地平を開く力と同時に、時代を超える普遍性をももっていた。

そしてそれはユダヤ民族の枠を越え、より広い世界へと繋がっていた。その意味でなら、彼はやはり文字どおり新たな神になったのかもしれない。

しかし、そうしたイエスの斬新さに、多くの人が気づいていたわけではない。繰り返し言うが、イエスのそばにいて常に生活をともにしていた弟子たちですら、イエスの思考の核心とその全体像は、ほとんど理解できていなかった。それが実情である。そうしたなかにあって、イエスは雄々しくも人々に呼びかけ続けた。第一声はヨハネが獄に引き渡された直後の、次のようなものから始まった。

「時は満ちた。神の王国は近づいた。回心せよ、そして福音のなかで信ぜよ」

イエスはそう呼びかけつつ、時を置かず、後世「山上の垂訓」と呼ばれるイエス独自の宗教的宣言を行っている。その内容の斬新さもさることながら、私はその時期の早さにも驚いている。

そしてそうした彼の一連の動きを見ると、イエスのなかではヨハネの呼びかけに応じた時には、すでに彼の信念や思いは、明確に定まっていたように思われる。その詳細についてはあとで触れるが、それはまさにイエスという人間における驚嘆すべき出来事であり、奇跡的な出来事でもある。まさにイエスならではと言っていいのかもしれない。

その宣言をした場所は、マタイ福音書によればガリラヤ湖畔の丘の上とされ、そのユーカリの丘からは、間近に神の湖とされるガリラヤ湖を見下ろすこともできた。そして現在そこには、瀟洒《しょうしゃ》な山上の垂訓教会が建っている。

時は、イエスがヨハネの呼びかけに応じ、ヨハネから洗礼を受け、ガリラヤ伝道を開始し、弟子獲得から、民衆への呼びかけを始めた頃のことである。「山上の垂訓」は、私の一番好きなイエスのメッセージでもある。その状況をマタイ福音書は次のように描写する。

「彼は群衆を見ると山にのぼった。そして彼が座ると、その弟子たちが彼のもとにやって来た。彼は口を開き、彼らを教え始めて言った。

『心の貧しい人々は幸いである、天の国は彼らのものである。

悲しむ人々は幸いである、その人たちはなぐさめられる。

柔和な人々は幸いである、その人たちは地を受け継ぐだろう。

義に飢え渇く人々は幸いである、その人たちは満たされる。

憐れみ深い人々は幸いである、その人たちは憐れみを受ける。

心の清い人々は幸いである、その人たちは神を見る。

平和を実現する人々は幸いである、その人たちは神の子と呼ばれる。

義のために迫害される人々は幸いである、天の国はその人たちのものである』」

この教えが、たとえどれほど革新的で斬新的であっても、それをどのように受け止めるかは、結局人それぞれかもしれない。そんなことをなぜ今さら言いだすかと言えば、たとえイエスの教えがどれほど斬新的で革命的であっても、受け手がその気にならなければ用をなさないからである。馬の耳に念仏という諺があるように、宗教的なものには、そうした類のものが多い。ただここで注意しておかなければならないのは、イエスを通して神の視点が、弱者に、つまり恵まれない人々に注がれ始めているということである。イエスはその視点を大胆にも幸いであると公言し、しかも実に詩的に言い換えている。私はイエスのように「幸いである」という言葉を、このように遣った人を知らない。つまりイエスに言わせれば、この世で恵まれていないこと、そのことこそがそのまま神に近い存在なのだと言っているのである。言っているだけではない。彼はそう宣言したのである。そしてそれが、どれほど大胆で衝撃的なものであったかは、モーゼの十戒と比較してみれば一目瞭然である。しかもそれが一番手っ取り早いと私は思っている。なぜならそこにはユダヤ民族の背負った歴史が、イエスと、モーゼという二人の巨人を通してみごとに示されているからだ。その次第は次のようになっている。

エジプトを脱出したモーゼは、苦難の果てにシナイ山に至り、そこで神から後世「モーゼの十戒」と呼ばれる戒律を授かった。それが実質的なユダヤ民族と、ユダヤ教の出発点となったものである。それは次のように展開されている。

1 私はあなたたちの神ヤハウェである。私以外に他の神があってはならない。
2 偶像を作ってはならない。
3 ヤハウェの名をみだりに唱えてはならない。
4 安息日を守らなくてはならない。
5 父母を敬わなければならない。
6 殺してはならない。
7 姦淫してはならない。
8 盗んではならない。
9 偽証してはならない。
10 隣人の妻、財産を欲してはならない。

歴史に文句を言っても始まらないが、これがユダヤ民族の出発点となり、聖書の原点ともなった神ヤハウェとの厳粛な契約の始まりである。私は最初これを読んだ時、正直これがかの有名な「モーゼの十戒」か、と思わず絶句した。不謹慎かもしれないが、内容があまりに当たり前すぎて、当てが外れてしまったのである。というのも、それまでの私は、「モーゼの十戒」なるものに、ひとり過大な期待を寄せていて、そこにはもっと何か偉大で知的で、かつ哲学的で宗教的で、なお神秘的で深甚なものがあるのだろうと、勝手に妄想し期待していたからである。それは、私の若気の至りそのものだった。その反動だったと思うが、当時の私は、「モーゼの十戒」に対してこんなにも陳腐なものかと呆れてしまったのである。その思いを、わかりやすく言えば、次のようなものになる。

動物学者によると「してはならない」という禁止事項の連続は、野生動物の場合、その親たちが子に対して最初に行うもっとも直接的な教育だという。野生動物と人間を同じに扱うつもりはないが、しかし人間も動物のなかの一種類であることに違いはない。してみれば人間も動物も最初はこんなものかもしれない。そんな思いすら私はもった。しかし日がたつにつれて、私の思いも徐々に変化した。それは、モーゼが神から十戒を授けられた当時の状況が、徐々に私のなかにも蓄積され、理解できるようになり、そうしたことに対する知識も次第に豊富になっていったからである。つまり私の理解力が、深まったのである。かいつまんで言えば、モーゼの置かれた状況とは、彼らがエジプトにあってその過酷な奴隷状態から脱出すべく民族の興亡を賭けて断行した必死の逃亡劇であり、その命懸けの脱出だったのだと。そうであれば、それがどのようなものであったか、そのことを知らずして「モーゼの十戒」を語ることは適当ではないのである。私は次第にそう思うようになった。モーゼは神から召命を受け、ユダヤ民族をカナンの地へ導くよう命令を受けていた。モーゼはその大命の重さに、何度も押しつぶされそうになり、懊悩《おうのう》する日々のなかで、最後に決断した。それというのも神が、最後の災いをエジプトの民に下すから、その時を選んでお前たちは脱出せよと、彼に命じたからである。

モーゼを先頭にイスラエルの民はそれに応じた。彼らは神に命じられたとおり密かに準備を始めた。家ごとに小羊一頭を屠《ほふ》り、その血をかもいと入り口の二本の柱に塗り、朝まで家のなかに潜んだのである。すると神は血塗られた家の前を通り過ぎ、エジプト人とその家畜の初子だけを打ち殺して通り過ぎたという。

こうして、イスラエルの民は救われた。このことを知ったエジプトのファラオは、激怒するとともに恐怖にさらされ、とうとうこの災いをもたらす民を、国外に退去させようと決意したという。

そしてこの出来事は、その後イスラエルにおいてもっとも重要な「過越祭」として受け継がれ、現在に至っている。このようにしてモーゼ一行は、無事エジプトをあとにすることができたが、一行は用心し、エジプトとパレスチナを結ぶ道は避け、葦の海に沿って荒野を進んだという。

神ヤハウェは、昼は雲の柱、夜は火の柱でもって彼らを導いたといわれている。しかしそれでも苦難は続いた。最初の苦難は紅海だった。しかしモーゼに率いられたユダヤの民は、神の奇跡のもとエジプト軍の追撃を逃れて、無事紅海を渡り終えたという。

しかし本当の試練は、その先にあった。なぜなら、敵の虎口こそ免れたものの、その先には、人生でもっとも厄介とされる内なる敵が存在していたからだ。シナイ半島に入るや否や、その内なる不平が噴出した。

誰もが知っているように、シナイ半島の昼は暑く、夜は寒い。喉の渇きと空腹は尋常ではなかった。そのなかを彼らは進まねばならなかった。目的の地カナンは遥か彼方であり、シナイ半島の大部分は荒野だったから、水も食料も乏しく、民族の解放とエジプト脱出という大義名分だけではすまなくなった。月日がたつにつれ、その思いも色褪せ、やがてその不満は、エジプト時代を懐かしむ怨嗟《えんさ》の声へと傾いていった。

一ヶ月がたち、二ヶ月が過ぎ、その不平不満は集団内の不穏な空気へと転化していった。三ヶ月目に入って、彼らはシナイ山に至り、その地で宿営した。

その時、神の声がモーゼに下った。言葉は次のようなものだった。

「『民に身を清めて準備するよう命じよ。三日目に私がシナイ山に下るからである』

三日目の朝、雷鳴と稲妻と厚い雲がシナイ山にあり、ラッパの音が響くと、山は全山が煙った。すると神ヤハウェが、火のなかから山の上に下り、モーゼを頂《いただき》に召して、十戒を授けた」

これが、モーゼをとおしてユダヤの民へと下された「十戒」授受の全貌である。注意しなければならないのは、アブラハムの旅立ち以来、苦難の連続であったユダヤの民が、この「十戒」によって内部分裂の危機をきわどいところで回避したという事実である。この歴史的事実を念頭において改めて「モーゼの十戒」と向き合うと、その簡潔さと同時に、過酷な荒野を移動し生き延びるために流離《さすら》わなければならなかった流浪の民の実情がひしひしと伝わってくる。過酷なシナイ半島の荒野を彷徨《さまよ》わなくてはならなかった彼らにとっては、このような掟がどうしても必要だったのだ。モーゼにすれば、神の威を借りてでも、そうした原則を打ち立てねばならなかった。そしてそうすることによって彼はトラブルを回避し、己の民をコントロールすることができた。そして何より重要なのは、モーゼは、結果として己の民をシオンの地へと導き、そのことによって、彼は、神と民を直接結びつけることにも成功したのである。民は改めて自分たちが、神によって選ばれたイスラエルの民であることを自覚できた。この歴史的事実とその結果に立脚すると、私が最初に十戒を読んだ折に、その内容のあまりの平凡さに落胆した思いが、どれほど軽薄なものだったかがわかる。なぜならモーゼが必要としたものは、過酷な荒野を移動していかなければならないという民族の運命であり、そのための平安であり団結だったからだ。もちろん当時は現在ほど国境線は厳しくなく、土地の所有権も定かではなかったが、彼らが日々行っているのは、他者から見れば、それは明らかに非合法、合法を含めての侵略行為だった。彼らはそうしたきわどい線上を、生きんがためにシオンの丘を目指したのである。

彼らは時に闘い、時に妥協し、さらには屈辱を忍んで敵の申し出も受け入れなければならなかった。そのようにして彼らは前進したのである。そうした行動体のなかにあって、何としても避けなければならないのは、そこに巻き起こる内部対立であり、食い止めなければならないのは、そうした対立から起きる内部崩壊だった。そうした個々の苦しい条件を念頭にすれば、「モーゼの十戒」はやはり、必要条件だったのだ。わけても、そのわかりやすさには脱帽する。特筆ものだと言ってよい。なぜなら、わかりやすさは遵守を強制できたし、異を唱える者の存在を許すことなく、その趣旨の徹底も可能だったからである。冗談半分に言えば、どのような気むずかしがり屋でも、この十戒に異を唱えることは難しかったろうと私は思う。モーゼは当たり前のことを、当たり前に表現して成功した。気むずかしがり屋のモーゼとしては珍しいことだった。おそらく十戒は、彼の生涯の最大の知恵の結晶だったろう。

この成功によって、イスラエル人はカナンに到着し、その後様々な苦難の果てに定着し、サウル王国から、ダビデ、ソロモンの治世を経て、栄耀栄華の繁栄を誇ることになる。しかし繁栄の時代は長くなかった。それゆえと言おうか、そうした祖国の国難に際し、アモスをはじめとして幾多の預言者が、続々と歴史に登場してくる。そしてその困難な歴史は、時を経て様々な律法とともに旧約聖書へと結実していく。そしてイエスの時代には、聖典と呼ばれるものだけでも、すでに四十六巻にも達していたという。

イエスの内面

モーゼとイエスの間には、千三百年の時が流れている。両者の違いについては、前項で、その象徴的な事例として、「モーゼの十戒」と「イエスの山上の垂訓」をあげ、比較検討してみた。大きな違いは、端的に言えば神概念の違いではなかったかと思う。具体的には、モーゼの神は命じる神であり、イエスの神は救いの神だった。それならどうしてこのような違いが起きたのかと言えば、その一番わかりやすい説明は、両者の間に千三百年という時の流れがあったということだろう。この間、様々な問題はあったもののその核心は、神とユダヤ民族との二人三脚の時代でもあった。そしてその証が、彼らの歴史を綴った旧約聖書だったといえる。ところが時の流れとともに、その関係がおかしくなった。元来時とは非情なもので、蜜月時代は常に長くはないのである。そのことを二人三脚にたとえてみれば、それは時代とともに三人四脚、四人五脚という異形の形になっていった。その有様を当時の社会情勢のなかに当てはめてみると、一つはエルサレム神殿を牛耳るサドカイ派のことであり、その二つ目は商人を中心にし中産階級に大きな勢力をもっていたファリサイ派であり、三つ目はそれらの勢力から排除されたエッセネ派ということになる。もちろん他の勢力もいたが、要するにそのことをあからさまに言うと、従来ユダヤ民族が長年にわたって奉じてきた神が、社会的に通用しなくなったことを意味する。もちろんそんなことを口にすれば、命の保証はなかった。

しかし、そういう危険な時代に、イエスとヨハネは生まれたのである。その危険な時代のなかで、神概念の変更、つまりはその中心である旧約聖書の見直しと様々な律法の不当性を指摘し、その変革を迫ることは容易ではなかった。こうした課題を前に、ヨハネやイエスの行動とその主張を改めて見ると、その行為の困難さ悲惨さは言うまでもないが、同時にその卓越した独自の行為が桁外れのものであったこともわかる。それは人類史上希有のものだったと言っていい。私はそう思っている。といっても、果たしてイエスとヨハネが、自分たちの行動をどこまで明確に自覚していたかはわからない。というのも私たちは、イエスやヨハネと同時代の人間ではなく、二十一世紀の今日、つまりはイエスやヨハネが生きていた時代から二千年後の今という時代のなかに生きているからである。要するに私が彼らの行為を絶妙と表現したいのは、彼らは自分たちが立脚している地点の危険性を誰よりもよく知っており、そのうえでその危険性を避け、どのような手段で自分たちの思いを次の世代へ伝えていくべきか、そしてもしそのことをなそうとしたらどのような危険が待ち構え、どのような方法が可能なのか、そのことを常に考えていた点を評価したいからである。そのことを具体的に言えば、ヨハネもイエスもけっして現実問題に深入りしようとはしなかった。絶妙というのはその意味である。彼らは現実問題に深入りすることの愚かさを、誰よりも十分すぎるほど知っていた。

ヨハネが繰り返し言っていることは「悔い改めよ、回心せよ」ということであり、その条件のもとでヨハネは「神の川」と称されるヨルダン川で、ユダヤ全土から集まって来る人々に洗礼を授けていた。この行為は、外面的に見れば、それは単なる宗教上の一儀式のようにも見える。しかしけっしてそれだけではなかった。なぜなら、これはある意味公然たるエルサレム神殿を中心とするユダヤ教への挑戦であり、その否定であり、挑発でもあったからだ。ただヨハネの賢さは、そうした部分の拡大がコントロールを失えば、どのような危険が自分たちの上に迫ってくるかを、常に熟知し想定しつつ行動していたことである。その具体的事例についてこれから触れていくことになるが、ここで明確にしておきたいことがある。それはヨハネの「悔い改めよ」という言葉が、「神の国」運動の出発点となっていたことである。

「悔い改めよ」という言葉は、ある意味神の前に立とうとする人間すべてに必要な前提条件のようなもので、その意味では何ら目新しくなく、あらゆる預言者も遣っていた便利な言葉でもあった。だから簡単には誰もヨハネに反対できなかった。ヨハネの巧妙さはこの言葉を遣いながら、「神の国は近づいた」と称し自分は「そのために道を直くしようとしているだけなのだ」と称し、「新たな神」を密かに導入していったことである。ヨハネの言う「新たな神」とは、露骨に言ってしまえば「従来の神」から離れろということであり、いつまでも自分たちを、アブラハムの後裔だなどとうそぶくユダヤ人には冷水を浴びせかけるものだった。ヨハネに言わせれば「神の前に悔い改める人間」に差別などなく、区別などあろうはずがなかった。言葉を換えて言えば、つまりは神の前に、人はみな平等だということであり、イエスに至ってはもはやそれを疑う余地すらなかった。このヨハネとイエスの行動は、その意味で言えば、まさに神概念の変更であり、人の心の変革そのものだった。

二人の青春像

人の心の変革となれば、それがどれほどの困難さをもたらすものであるかを、イエスもヨハネもよく知っていた。そして私がイエスやヨハネを見ていて、つくづく思うことは、彼らがこの困難な偉業をなしうるために、可能な限りの注意を払っていたことである。それがどれほどのものであったか、我々はここで改めてそのことを、強く心のなかで留意する必要がある。その際もっとも重要なことは、イエスやヨハネが、他人に犠牲が及ぶことを極度に怖れ、かつそのことを厳しく己に課していたことである。それがどのようなものであったかを、これから述べていきたいのだが、私が今から述べようとすることは、ひょっとしたら、大きな牽強付会をもたらすものかもしれない。しかしそれがあっても私はかまわないと思っている。というのも、今となっては、すべての真実は闇のなかであり、その真実を知ろうとしたら、イエスやヨハネに直接聞く以外にもはや方法はないからだ。そう断ったうえで、これから私の思いを述べたいと思う。

その一つは、彼らの青春時代とその家族との関係である。イエスの青春とヨハネの青春、それにユダの青春も加えてもかまわないと思うが、彼らの青春に共通するのは、その実態を示す何ものも残されていないということである。それが偶然だったのか、たまたまそうだったのかはわからない。ただはっきりしていることは、この三者が、仮に三者三様の青春をそれぞれ送っていたとしても、その青春像が歴史の表舞台にはけっして登場してこなかったということである。そしてそうでありながら、彼らはその青春の最後の最後になって、まるで満を持し符節を合わせたかのようにあわただしく歴史の表舞台に飛び出してくるのである。その理由はもはや推測するしかないが、おそらく彼らはそれまで、厳しすぎるほど厳しく己を律していたからだろう。それゆえ彼らは、最後の最後までけっして事を起こそうとしなかった。

思うに彼らの矜持《きょうじ》がそれを許さなかったのだ。そして彼らに共通する異常性は、かなり早い段階から家族を見捨ててしまっていることである。家族を見捨てるなどということは今も昔もけっして穏やかではないが、彼らにすれば家族まで犠牲にしたくなかったということであろう。ならばその時期がいつだったかと問われると、正直私も困るのだが、おそらく異常に早熟だった彼らは、子供から大人への移行期、つまり青春の門の入り口あたりで、つまり彼ら独自の自意識が芽生えた頃、そうした決断をしたのではないかと私は思っている。

わずかにわかっていることは、ヨハネが荒野で厳しい禁欲生活をたった一人でしていたことだけである。そしてこれも考えようによっては、ヨハネによるヨハネ流の一つの自己規制であったと思われる。そしてその自己規制が、最後の最後になって破れる時がくる。ヨハネはその時を、自ら神の声として聞き、歴史の表舞台へと飛び出してくる。その経緯についてはあとで触れるが、注意すべきは、ヨハネにしろイエスにしろユダにしろ、その表舞台に飛び出した時には、すでにその覚悟は決まっており、それは不退転のものだったということである。そのことを我々はけっして忘れてはならない。そしてその覚悟が、どのようなものだったかと言えば、それは己の内なる声に最後まで忠実であるということだけだった。そしてそのためならすべてを犠牲にしてもかまわず、そのためならたとえ己の身を献げることになってもかまわないと彼らは考えていた。つまり彼らはそうした覚悟に達してから、やっとのこと世の中に飛び出してきたのである。そうであれば、己の運命などもはやどうでもよかったし、命も何も欲しくなかった。彼らの発言は、そうした不退転の覚悟のなかで発せられたものだったのである。そのもっともわかりやすい事例を、イエスの発言のなかから拾えば、それは安息日に対する彼の次のような発言にはっきり表れている。

安息日とは「モーゼの十戒」に定められたもので、その意味するところは次のようなものである。趣旨は、一週間のなかで安息に献げられる日のことで、正確には金曜日の日没から土曜日の日没までを指していた。もとはと言えば人間や家畜を過重な労働につかせないものとされていたが、しかし同時にこの日は、労働をしないことから神の日とされ、神のことを思う日でもあった。そしてその後この日は、ユダヤ人のアイデンティティーを確認する手段として聖化され、違反した場合には、死をもって償わされるものへと発展していった。ユダヤ人のあいだにあっては、それほど重大な掟であった。そういう安息日に対してイエスが、どういう態度をとったか。それを劇的に示すエピソードが福音書に出ている。それはイエス一行が、たまたま安息日に麦畑を通った時に起きた。彼とはイエスのことである。

「彼は安息日に麦畑を通っていた。すると彼の弟子たちは、穂を摘みながら進み始めた。そこでファリサイ人たちが彼に言い出した。

『見ろ、彼らはなぜ安息日に許されていないことをするのか』

と。すると彼は彼らに言った。

『お前たちは、ダビデが、彼自身もまた彼とともにいた者たちも困り果てて飢えた時何をしたか、まったく読んだことがないのか。つまり、彼は大祭司アビアタルの時代に神の家に入り、祭司たちの外は誰にも食べることが許されていない供えのパンを食べ、また一緒にいる者たちにも与えたのだ』

そして彼はまた、言った。

『安息日は人間のためにできたのであって、人間が安息日のためにできたのではない。だから、人の子は安息日の主でもあるのだ』」

ここにはいかにもイエスらしい論理の飛躍と、非常時に対する彼の確固たる信念が示されている。彼の言わんとする要諦は、つまるところ生命に対する揺るぎない信頼である。そのためにはこの世のすべてが許されている。この世で一番大事なことは、人間存在そのものなのだと。こうした思いを常日頃抱いていたイエスにとって、ファリサイ人の無理解な非難は、彼の怒りをこのように呼びさましたのだろう。そうでなくとも、イエスという男は、純粋なだけに短気な男でもあった。

それにしても、である。イエスの発言内容はまことにすさまじい。私流に解釈すると、次のようになる。つまりイエスは、口にこそ出していないが彼の言わんとするところは、聖書におけるダビデの行為に触れつつ、自分たちの行為を正当化しているのである。果たしてこの論理で、自分たちの行為を正当化できるかどうか、私ははなはだ怪しいと思うが……イエスの論理の巧みさは、一瞬にして自分の論理を大きく飛躍させ拡大させ、その勢いで完全に相手を一蹴してしまうことである。大胆不敵というか。それこそ彼の魔術的な才能でもある。しかもイエスには、そのことに対する迷いも躊躇も一切なく、その点に関して一点の疑念もなかった。その点だけを見てもイエスという男が、いかに尋常でない男かがわかる。彼は人並外れた異能者だった。その彼が下した結論とは、当時のまじめな人が聞いたら、それこそ肝を潰すような激語だった。イエスはダビデの故事を引きつつ、ファリサイ人の聖書に対する無能ぶりを激しく非難し、お前たちはそんなことも知らないのかと愚弄しつつ、返す刀でこう切り返したのだ。

「安息日は人間のためにできたのであって、人間が安息日のためにできたのではない。だから、人の子は安息日の主でもあるのだ」

一気にここまで飛躍できるのは、やはり何度も繰り返すようだが、イエスをおいてほかになかったと言っていい。何と言っても安息日は「モーゼの十戒」のなかの一つで、ユダヤ民族が守らなければならない最重要の掟だったからである。しかもこの掟は、神からモーゼを通じて直接下されたもので、その原文は、簡潔に、選ばれし民イスラエル人、つまりユダヤ人に対し、

「安息日を守らなくてはならない」

とだけ記されているのである。外に一切の条件はない。守ることだけを強制しているのである。このことを念頭に置けば、イエスの宣言がどれほど驚天動地のことだったかが窺い知れよう。つまりイエスの宣言は、実に巧みになされているが、一言で言ってしまえば従来の神概念の否定なのである。オーバーラン的に言ってしまえば、主人公は神

でなく人であり、人は神のためにあるのではなく、神が人のためにあるのだ。ここまで言ってしまえばもちろん差し障りはある。これはイエスが言ったのではなく、私が勝手に筆の滑りとして加筆しているだけのことで、並外れて聡明なイエスは、そこまでは踏み込まずその手前できわどくUターンしている。しかしイエスは、自分の思いの発露が、いかに危険なものであるかも知っていた。知りつつ発言しているのだから、その度胸も並のものでない。彼は自分がものを言えば言うほど、自分がきわどい立場に立たされることも知っていた。それがいわば彼の破格の比喩力の背景になっていたとも思われる。その一方で彼は、ほかにも巧みな論理回路を独自に構築していた。それは従来の神概念の否定の代わりに、新たな神を己の父と称し、己をその子と称し、人の子とも称して、相手を韜晦《とうかい》してしまうことである。イエスに言わせれば、

「自分の言っていることは、自分が言っているのではなく、父である神が私に言わせているのである」

そういうことになる。この論理構成は表現こそ異なっているが、よくよく考えてみればこれはユダヤの伝統的な教えのなかにある預言者像そのものでもある。預言者とは「神の言葉を預かる者」の意だからだ。つまりイエスは預言者を装いつつ、その背後で新たな神を創造し、従来の神を否定してみせたのである。この恐るべき反逆行為が、どのような結果をもたらすか、イエスは当然のことながら、そのことも知っており、その

こともまた覚悟していた。その覚悟のほどは、イエスの再三にわたる「受難予告」のなかにすでに明瞭に示されている。

「私は打たれ、殴られ、唾を吐きかけられ、刺し貫かれる」

と、イエスはエルサレムへ上る途上で、弟子たちに向かい再三そう呼びかけている。これがイエスの覚悟であってみれば、イエスは常にその胸底に死を覚悟しつつ発言していたことになる。通常宗教家は自分の教えが、明るい未来を開くことを前提にものを言っている。そうでなければその教えには価値がない。もちろんイエスもそうだが、しかしイエスの場合は、その未来のなかに自分をけっして収めようとはしなかった。私はそこにこそイエスの独自性があり、他の人物にはけっして見られない彼独自の孤高の美しさが、そのなかに輝いていると思う。なぜか。それは彼がイザヤ書のなかにある「苦難の僕《しもべ》」のなかに自己を投影し、そのなかに己の姿を見出しているからである。イザヤ書は数ある旧約聖書のなかでも異色の書とされている。なかでも「苦難の僕」は異色中の異色とされ、その意味では謎の一章でもある。

それは何百年にもわたって語り継がれ、そして書き継がれてきたユダヤの正統的なメシア像が、そこでは根底から覆《くつがえ》されているからだ。しかもイザヤ書のなかでそのことははっきり書かれているのに、しかしその真意を理解する者はいなかった。なぜなら旧約聖書の膨大な全体像からすれば、その箇所は僅かなものにすぎなかったからである。それではそのイザヤの「苦難の僕」が、その箇所で具体的に示そうとしたメシア像とはいったいどのようなものだったのだろう。

「それは世界を統《す》べ治める神ヤハウェの世界の救済策は、究極的には威風堂々とした預言者や、王によるのではなく、人に忌み嫌われ、棄てられたひとりの苦難の僕を通して実現する」

という、そういうものだったのである。このイザヤによる「苦難の僕」像はある意味、イザヤによる苦肉の策だったと私は思う。詩人であったイザヤは、延々とユダヤのその苦難の歴史を辿りながら、その出口のない自分たちの社会に本当に苛立っていたのだ。その現実に絶望しつつ彼は溜息をつきながら、最後の最後になって、ようやく従来の威風堂々とした神まがいの救世主像によって、ユダヤ社会が救われるというような画一的な考えには、もはやどうにも追随できなくなってしまったのではないか。私にはそう思われる。

というのも当時のユダヤ社会は、つまりそれは歴史的に言えば紀元前八世紀から六世紀にかけてのことで、つまりはイザヤ書の書かれた時代のことをいっているのだが、その時代彼らはアッシリア帝国と新バビロン帝国という世界的な強大国の支配下におかれ、どう足掻こうとも、動きがとれない環境の中にあった。

そうした状況下で書かれたのがイザヤ書であり、「苦難の僕」の章だった。つまるところ「苦難の僕」は、いわばイザヤによる苦肉の策であり、それゆえ正統性をもたず、信用もされず、大方の見るところ、それはある種の逆説であろうとすら思われていた。つまり詩人イザヤだからこそ書けた一章でもあったのだ。それゆえその現実性を信じ、その実現性を願うような人は誰一人としていなかった。その証拠にイザヤ書が書かれてから数百年間、つまりイエスの時代まで、「苦難の僕」に書かれた救世主像を掲げ、時代を突破しようとした人物は、誰一人としていなかった。それも当然だった。正常な感覚の持ち主なら、それが当たり前だったのである。

しかし、ヨハネとイエスの嗅覚はそれとは明らかに違っていた。彼らは己の生きている時代を、イザヤの生きていた時代にそのまま重ね合わせることに成功していた。なぜなら、当時のユダヤ社会は、イザヤの生きていた時代のように、ローマ帝国によって厳しく統治され蹂躙《じゅうりん》され、まさに八方ふさがりだったからである。つまり出口はどこにもなかった。そのことを比喩的に言えば、すでに現実世界に救済策はなく、もっと飛躍的に言えばあの世以外に救済策はなかった。ここに至って、初めてヨハネとイエスが唱えた「神の国」運動の独自性がそこに立ち現れてくると私は信じる。

本来ユダヤ教においては、律法は神の意志であり、これを実行することこそが、「神の国」を実現する方策であると一途に考えられてきた。それゆえユダヤ人たちは、周囲の国々からさんざん悪口を言われ嘲笑を浴びせられても、けっしてめげることなく、律儀に律法を遵守し、そのことに狂奔してきた。

しかし、その結果はどうだったか。そのことをユダヤ史のなかに探ってみると、以下のようなことが判明する。つまり彼らが住んでいた土地について言えば、その名は歴史のなかでしばしば変更させられ、その都度その支配者も代わっている。大雑把に言ってもその地名はカナン、パレスチナ、イスラエル、ユダ、ユダヤがそれであり、支配者は遠くはエジプト人からアッシリア人、アッシリア人からバビロニア人、バビロニア人からペルシャ人、ペルシャ人からローマ人へと代わっている。

つまり露骨に言ってしまえば、ユダヤ人の懸命な信仰にもかかわらず、その甲斐はほとんどなかったのである。もっとわかりやすく言ってしまえば、彼らの神ヤハウェは大して役に立たなかった。もちろんものは考えようで、彼らユダヤ人はヤハウェ信仰によってのみ、彼らはカナンの地に祖国を立ち上げたし、曲がりなりにもその地に建国し、国を維持してきたのだから、そのことに満足してもよかった。しかしヨハネとイエスは、そのことに満足できなかった。その結果、彼らは死を賭してでもその新たな出口を探し出したいと願ったのである。それが彼らの道だった。

そして、その道は、具体的にどういう姿をとったかと言えば、それは従来の神に代わる新たな神を自分たちで用意することへと発展せざるを得なかったのである。しかしそんなことを狂人でもない彼らが、安易に口にできるわけもなかった。彼らのコメントを子細に検討すると、そこには彼らなりの、巧みな用心深さが隠されている。

彼らは最初、自分たちの教え、つまりその神概念について、聖書を利用しつつ、そのなかに引用されている預言者たちを引き合いに出してカムフラージュしていた。カムフラージュといっても誤魔化していたわけではない。もともと聖書は膨大だし、預言者も多種多様だったから、ヨハネやイエスにとっては、どのようにもアレンジ可能だったのである。彼らはそうした才能をあり余るほどもっていた。ヨハネは偉大な預言者エリヤを利用し、人々に回心を迫った。預言者エリヤは常々人々にこう迫っていたといわれている。

「荒野で呼ぶ者の声がする。主の道を準備せよ。その道をまっすぐに整えよ」

ヨハネはその言葉をそのまま利用し、集まってきた人々に、

「神の国は近づいた。悔い改めよ」

と諭し、

「心を改めなければ救いは来ない」

と説き、

「新たな救い主はもうじきやってくる」

とも言い、さらには、

「その方は、私よりもずっと優れた方で、あなたたちに本当の洗礼を授けてくれるで

しょう」

とも確約した。しかし彼はその一方で、いい加減な連中には激しい怒りを隠さず、次のようにも宣告していた。要約すれば、次のようになる。

「まむしの子らよ……お前たちは自分たちの父に、アブラハムがいるなどと勝手に思うなよ。……偉大な神は、ここにある石ころからでもアブラハムの子らを起こすことができるのだ」

これはヨハネの不心得者に対する厳しい叱責と警告である。しかしよくよく注意深く読んでみると、けっしてそれだけには留まっておらず、その背後に恐るべき世界観を包含していたことがわかる。つまりヨハネの真意は、アブラハムの子として慢心しているユダヤ人に対し、その特権はけっして永遠のものではなく、選ばれし民としての特権も、その行為によって剝奪されうることをも示唆していたのである。おそらくヨハネの念頭にあっては、前記の言葉を口にした瞬間、新たな神の前には、万人が平等であり、その前ではユダヤ人であるかないかの問題は大きな要素ではなく、心からの悔い改めだけが必要不可欠な条件だったのだ。つまり彼が口にしていることはその宣言だったのである。私はそう思う。ヨハネはこの言葉を口にすることで、明らかにユダヤ民族の優越性を否定し、民族の枠を越えようとしたのであり、そうしたヨハネの現状に対する不満は、そのまま新たな神をも必要としていた。そしてここに至ってイエスとヨハネは同じ立場に立っていたことがわかる。しかしながらこうした彼らの神は、また当然のごとく現実の神と激しく衝突せざるを得なかった。明敏なヨハネは、そのことも熟知していた。彼が、「新たな救い主はもうじきやってくる」

と常々そう預言し、身をかわしたのはそのためである。そしてイエスはその意を体して、歴史上に敢然として飛び出してくる。彼はヨハネの洗礼を受け、新たな神の世界へと出て行くのである。そしておそらくこの時点で、ヨハネもイエスも自分たちの行く先がどのようなものになっていくかは、わかっていたはずである。それはイザヤが預言している「苦難の僕」の世界であり、それこそが新たな神を抱いた彼らの運命でもあった。ヨハネの死やイエスの死が特異であるのは、彼らが新たな神を抱き「苦難の僕」の世界を生きようとしたからに他ならない。それは彼らの意志でもあり、使命でもあった。この地点に立てば、イエスにとっての十字架への道は、彼の人生の必然であり運命でもあり、願いでもあり使命でもあったことが明瞭になる。そしてこの崇高な意志と巨大な自己犠牲への苦悩の日々は、最初は誰にも理解されず、ヨハネとイエスの間だけに共有されていたものと思われる。

しかし、新たな神の展開は、いつまでも平安な日々を彼らに約束してくれるものではなかった。当たり前である。なぜならいかにイエスの頭脳が明晰でも、日々の軋轢《あつれき》は、言葉による言い換えだけでは、糊塗し続けることは不可能だったからである。さらに言えば、イエスはそうした日々を続ける自分を許せなかったし、そうなることを嫌悪していた。なぜなら、彼の意志は「苦難の僕」として生き、そしてそのままの姿で神に召されることだったからである。その秘事を、ユダがどのあたりから知るようになったか、私にはわからないが、ユダは間違いなくそのことに気づいていた。さらに注意深く福音書を読んでいくと、ユダのほかに今一人このことに気づき、密かにその秘事に近づいた者がいたことがわかる。それは福音書のなかで、罪多き女として扱われているマグダラのマリヤ、その人だと私は思っている。

その結果がどのようなものになっていったのか、その点についての考察をこれから始めてみたい。

真意を知っていた女

その事例は、四つの福音書にそれぞれ記載されている。マタイ、マルコ、ヨハネでは「ベタニアの塗油」事件として、ルカでは「罪の女の塗油」として扱っている。

まず、マルコ、マタイ、ヨハネの塗油事件を紹介したい。マルコ、マタイの内容はほぼ同じであるが、ヨハネはこの場面になぜかユダを登場させている。その解釈についてはあとで触れるが、ここではその違いだけに触れておく。まずマルコ、マタイ、ヨハネのラインから、マルコに採録されている原文を紹介する。

「さて、イエスがベタニアでらい病人シモンの家にいたとき、彼が食事の座に着いていると、きわめて高い値の、純正のナルド香油の入った石膏の壺を持った一人の女がやって来て、その石膏の壺を砕き、彼の頭に香油を注ぎ始めた。すると幾人かの者がお互いの間で激しく怒った。

『何のために香油をこのように無駄遣いしたのか。この香油は三百デナリオン以上の値段で売って、貧乏人たちに与えてやることもできたというのに』

そして彼らは、彼女に対して激しく息巻いた。しかしイエスは言った、

『この女をそのままにさせておくのだ。なぜ、この女を困らせるのか。私に良いことをしてくれたのだ。そもそも、貧しい者たちはいつもあなたたちとともにおり、あなたたちはいつでも望む時に彼らに尽くしてやることができる。しかし私は、いつまでもあなたたちのもとにいるわけではない。この女は思い詰めていたことをしたのだ。つまり埋葬に向けて前もって私の体に香油を塗ってくれたのだ。そこで、アーメン、私はあなたたちに言う、世界中で福音が宣《の》べ伝えられるところではどこでも、この女自身の行ったこともまた、その記念に語られるだろう』」

次にルカ福音書を見てみよう。ルカ福音書だけは、マルコ、マタイ、ヨハネ福音書とは趣《おもむき》を異にし、タイトルも「ベタニアの塗油」ではなく、「罪の女の塗油」とし、時も場所も違い、次のような挿話に発展して、イエス独自の説教話となっている。

「さて、ファリサイ派のうちのある者が、自分とともに食事をしてくれるようにと、イエスに依頼した。そこでイエスは、そのファリサイ人の家に入り、食卓に着いた。するとみよ、その町の罪人であった一人の女が、彼がそのファリサイ人の家で食事の座に着いていると知り、香油の入った石膏の壺を持って来て、後方から彼の足下に進み出、泣きながら、涙で彼の両足を濡らし始め、自分の髪の毛でそれを幾度も拭き、さらには彼の両足に接吻し続け、また繰り返し香油を塗った。しかしイエスを招待した例のファリサイ人はこれを見て、自分のなかで言った、

『万が一にもこの人が預言者であったなら、自分に触っているこの女が誰で、どんな類の女か知り得たろうに。この女は罪人なのだ』

するとイエスは答えて、彼に対して言った。

『シモンよ、あなたに言いたいことがある』

するとシモンは言う。

『先生、仰言ってください』

『ある金貸しに、二人の債務者があった。一人は五百デナリオン、もう一人は五十デナリオン借りていた。彼らが返済できないので、金貸しは二人とも帳消しにしてやった。そこで彼らのうちどちらが、彼をより愛するだろうか』

シモンは答えて言った、

『思うに、より多く帳消しにしてもらった方でしょう』

するとイエスは彼に言った、

『あなたの判断は正しい』

そこで彼は、例の女の方を振り返り、シモンに言った、

『あなたにはこの女性が目に入るか。私はあなたの家に入って来たが、あなたは両足にかける水を私にくれなかった。しかしこの女は、涙で私の両足を濡らしてくれ、その髪の毛で拭いてくれた。あなたは私に接吻してくれなかった。しかしこの女は、私が入って来た時から私の両足に接吻するのを止めようとしない。あなたは私の頭をオリーブ油で拭いてはくれなかった。しかしこの女は、香油で私の両足を拭いてくれた。このために、私はあなたに言う、この女の罪はたとえ多くとも赦されている。それはこの女が多くを愛したことからわかる。少ししか赦されない者は、少ししか愛さないものだ』

そこで彼は彼女に言った。

『あなたの罪は赦されている』

するとー緒に食事の席に着いていた者たちが自分のなかで言い始めた。
『罪すらをも赦すとは、この者はいったい誰だろう』
すると彼はその女に対して言った。
『あなたの信仰が今あなたを救ったのです。安らかに歩んで行きなさい』」

これらの挿話で、一番目につくのは、何の予告もなく姿を現し、誰の許可も得ず、独断でイエスに近づき、しかも無言のままイエスの体に塗油行為を行った女の存在である。女は、マルコ、マタイ、ヨハネ各福音書では、その名は伏せ、「一人の女」とし、ルカ福音書では「罪ある女」として扱っている。そして聖書をひもといたことのある人なら、誰もがけっして忘れることのできないあのエピソードの女主人公。そう、私はその女であると勝手に思っている。勝手にという意味は女が「一人の女」であろうが「罪ある女」であろうが、私のようにあえて「あのエピソードの女」としようと、挿話そのものに大きな矛盾は生じないからである。そして私はこのシーンにおけるイエスが好きである。イエスは黙って地面に字を書いているふりをして、ファリサイ派の激越な抗議を無視し、しかも反論を一切赦さず沈黙させ、その背後のユダヤ律法さえ押し返している。まさに大胆不敵である。

その状況をヨハネ福音書は次のように伝えている。

「イエスは、オリーブ山へ行った。早朝、彼はまた神殿境内にやって来た。民は皆次第に彼のもとへ来た。彼は座って彼らに教えていた。

律法学者たちとファリサイ派の人々が、姦通のさなかに捕らえられた女を連れてくる。そして彼女を真ん中に立たせ、彼に言う。

『先生、この女は姦通している現場で捕らえられました。モーゼは律法に、このような女どもは石で打つようにと、私たちに命じました。さて、あなたは何と言われますか』

これは、彼を訴えることができるように、彼を試みて言っていたのである。

イエスはかがみ込んで、指で地面に書きつけていた。

彼らがしつっこく尋ね続けていると、彼は身を起こして彼らに言った。

『あなたがたのなかで罪のない者が、最初に彼女に石を投げなさい』

そして再び身をかがめて地面に書いていた。

彼らは聞いて、年長者たちから始め、一人また一人と去って行った。そして、彼だけが、真ん中にいた女とともに残された。

イエスは身を起こして、彼女に言った。

『女よ、彼らはどこにいるのか。誰もあなたを断罪しなかったのか』

彼女は言った、

『主よ、誰も』

イエスは言った。

『私もあなたを断罪しない。そしてこれからはもう過ちをやめなさい』」


いつまでも心に残る挿話だが、そうかといって、感心してばかりもいられない。そこで、本題に戻りたいと思う。つまり塗油事件についてである。

言うまでもないが、塗油事件の核心は、突如現れた女が断りもなくイエスに近づき、弟子たちを無視して直接イエスに高価な香油を塗ったことにある。その場にはもちろん大勢の弟子たちもおり、他人もいた。しかし女はそれらを一切無視して、大胆にもイエスに近づき無言のまま、しかも公然と事に及んだのである。これはある意味傍若無人の態度であり、その行為者が女であることを考えると、まさに驚天動地の行動で、大胆不敵な行為と言える。それゆえその場に居合わせた者たちは、唖然として一斉に冷静さを失ってしまったのである。そして次の瞬間、福音書は、そうした状況を生み出した女への怒りを、次のように非難している。

「三百デナリオン以上もする高価な香油を、何でそんなことに無駄にするのだ。それだけのお金があれば、多くの貧乏人を救えるのに」

しかし、女はそうした非難には一切答えない。まるで答える必要がないかのごとくであり、彼女は周囲の抗議をまったく無視している。その行為は間違いなく意図的であり確信的である。四つの福音書、つまりマルコ、マタイ、ルカ、ヨハネの各福音書は、場所と人と場面と時と話の骨格を微妙に変えているが、それでも一つだけまったく変えていないものがある。それは女が弟子や他人の抗議にもかかわらず、彼らをまったく無視し、一言の言葉も発していないということである。

その点では四つの福音書は見事に一致している。なぜか、それは言うまでもない。言う必要がなかったからである。言えば何もかもが台無しになり、大混乱になってしまう恐れがあったからだ。阿呆な弟子たちはともかく、賢い女にはそのことが最初からはっきりわかっていた。わかっていたからこそ女は、口が裂けてもそのことを口にしなかったのだ。

その原因とは何か。それは言うまでもない。つまり彼女の行動は、まさにイエスの肉体への塗油行為そのものに繫がっていたからだ。であれば我々がここで理解しなければならないのは、まさにその女の行った大胆不敵な塗油行為の真の意味である。女は一貫して無言だったが、しかしその行為の一部始終は息を吞むような劇的なものだった。その事実は否定しようもない。各福音書において女の扱いの濃淡は多少違うが、その骨格に違いはない。そこでもっとも劇的で詳細に女の描写を綴っているると思われるルカ福音書のその部分を、もう一度ここで確認しておきたい。その箇所は次のように綴られている。彼とはもちろんイエスのことである。

「すると見よ、その町の罪人であった女が……香油の入った石膏の壺を持って来て、後方から彼の足下に進み出、泣きながら、涙で彼の両足を濡らし始め、自分の髪の毛でそれを幾度も拭き、さらには彼の両足に接吻し続け、また繰り返し香油を塗った……」

「罪の女の塗油」と銘打ってあるとはいえ、その行為の大胆さと献身さは、息を呑むほどの迫力を秘めている。普通の女ではこうはいかないと私は思う。やはり苦界に身を沈め、その世界で生きざるを得なかった女ならではの思いと行為とが、ここでは彼女の精一杯の思いとして熱く押し出されている。それは身も心もなくという、あの日本的で古風な表現こそが、一番ぴったりだと私は思う。つまりこの女の眼中には、他人の目など一切なかったということである。そしてそのように理解したうえでもなお、引用した行間に潜む表現者の感動は、優に現実を凌いでいる。くどいと叱られるかもしれないが、そのことを覚悟したうえでなお私は蛇足を重ねてみたい。それは、

「女が……泣きながら、涙で彼の両足を濡らし始め、自分の髪の毛でそれを幾度も拭き、さらには彼の両足に接吻し続け、また繰り返し香油を塗った……」

という表現についてである。たとえそれが、その世界の女の思いあまった行為であったとしても、そこは密室ではなかった。衆人環視のなかだった。男たちの目が彼女の周

囲に満ち満ちていたのである。そうしたなかでの出来事だった。してみれば涙はわかるとしても、その涙がイエスの両足を濡らし、その髪の毛で女がイエスの足を拭い、さらに接吻し続け、さらには繰り返し香油を塗ったという行為は、やはり尋常なものではない。しかもイエスは平然として、その間、一言も言葉を発せず黙ったままその女の行為を受け入れているのである。もちろん喋る必要がなかったからだ。つまりイエスには、女の行為のすべてがわかっていたのだ。

わからなかったのは、イエスを除いた他の者たちだった。とくにルカ福音書の展開は、今私が指摘したような女の劇的な行為を紹介しながら、招待者シモンの愚問に、イエスが答えるかたちで、この劇的で荘厳なシーンを台無しにしてしまっている。そしてその結論は、多く愛した者は、多く赦されるということになり、そのことを言い換えると少ししか愛さない者は、少ししか赦されないのだということになる。これは一見深甚な真理を含んでいるように見えるが、実はそうではない。というのも私が思うに、これはルカ福音書作者の咄嗟の浅知恵がもたらした創作にすぎないからである。これは罪のある女とイエスの思わぬ遭遇を何とか糊塗しようとしたルカのまさに浅はかなつじつま合わせに他ならなかった。私はそう思っている。なぜなら、女の塗油行動の本質はまったくそれとは違った次元に存在していたからである。

その経緯について私はこれから詳しく述べ、かつ検証していきたいと思う。ルカ福音書の論理を否定した以上、これから先は他の福音書に頼ることになる。ならば他の福音書はどうなっているかと言えば、それらはルカ福音書とはまったく違ったものとなっている。そのなかでもっとも真実に踏み込んでいると思われるマルコ福音書について述べたい。それに拠れば先に引用したように、男たちは闖入《ちんにゅう》してきた女に対し、異口同音になぜ金を無駄遣いするのかと詰め寄る。それに対しイエスは、

「女を困らすな、女は私にいいことをしてくれたのである。お前たちはいつでも望む時に、貧乏人たちに尽くしてやることができるが、私はそうではない」

と説得する。ここまでなら、さして問題はないと思う。しかし次のイエスの発言は、大問題だ。常識のある人なら誰だってそう思ってもらえるはずだ。イエスはこう言っている。

「この女は、思い詰めていたことをしたのだ。つまり埋葬に向けて、前もって私の体に香油を塗ってくれたのだ」と。

この箇所をよくよく読んでいただきたい。つまりイエスは、女の行為を真っ正面から受け入れ、しかも堂々と、それが前もって自分の埋葬に向けてなされた行為だと言うのである。驚くべき発言ではないか。たしかに当時の埋葬の習慣には、塗油措置というものがあった。それは遺体を洗い、香油または香料を塗り、亜麻布で包むことからなっていた。イエスはその一連の流れのなかに、自分と女の行為を重ねあわせ微動だにせず、

平然とそのことを口にして、事を収める行動に出たのである。しかも埋葬という言葉すら彼は遣っている。これまでにも、ピンチにおけるイエスの果断な判断とその剛胆さはしばしば我々を驚かせてきた。

しかし、これほど大胆に自己の運命を開陳するのかと、私は正直度肝を抜かれる思いがした。それというのも、ここでのイエスの発言、つまり埋葬という言葉の使用はきわめてきわどいと思うからだ。しかしそうした私の意に反し、イエスと弟子たちの現実はそのまま何事もなかったかのように進行していく。なぜか、それはある意味日常性のもつ怖さでもある。弟子たちの現実とは、イエスと日々をともにすることであり、そのイエスは、弟子たちにとっては、未だに理解不能の人類史上最大の異能者だったからである。それゆえ弟子たちにとっては、イエスが口にしている言葉の大胆さと驚嘆すべき内容は、容易に理解できなかった。

それは世の天才たちが、往々にして身近な人に理解されないことと同じだったのかもしれない。つまりそういう日常性のなかに住んでいれば、「女の行為は、私の埋葬に向けての前もっての処置だ」と教えられてもピンとこず、多少きていてもそれをイエスに向かって正面から聞く勇気が弟子たちにはなかった。なぜならすでに彼らは受難告知の場面で、イエスに異を唱えて叱られ、悪魔呼ばわりされた苦い経験をもっていたからだ。

そして結局はいつものように、事はイエスの思惑どおりに何事もなく進展していった。

しかしだからといって、ここで現在の我々が見過ごしてならないことがある。それは仮にイエスの言う言葉どおりであったとしても、より重大な事実は、一言も喋らない女が、イエスの行く末をこの時点ではっきり知っていたということである。そのうえでの女の行為であってみれば、その勇気ある大胆な行為と、弟子たちとの落差はとてつもなく大きく歴然だった。そのことに我々は気づかなければならない。そしてその事実はとてつもなく大きく、重い。さらに言えば、というよりさらに想像をたくましくすれば、次のようなことも想像可能ではないか。それはイエスの次のような言葉から紡ぎ出されてくるものでもある。イエスは女の行為に応じて、次のように言う。

「私はあなたたちに言う、世界中で福音が宣べ伝えられるところではどこでも、この女自身の行ったこともまた、その記念に語られるだろう」

イエスが女性たちに優しかったことは、今さら言うまでもないが、しかしこの宣言と思われる言葉はあまりにも異例である。私はそう思うが、人はそう思わないだろうか。しかもその対象は罪ある女マグダラのマリヤに向けてである。行為は女の単独行動になっているが、この女性の背後には、陰に日向にイエス一行に付き従った大勢の女たちがいて、しかも彼女はその主要なメンバーの一人であり、この行動の後、彼女は間違いなく女性たちのリーダー的存在になっていく。つまりこの場面は、その途上にある女の行動なのである。つまり私がここで強調したいのは、彼女の背後には物言わぬ女性たちが多数いたことである。

その様子は、ルカ福音書に次のように記述されている。それは「罪の女の塗油」のすぐあと、「仕える女たち」の章である。

「イエスは町や村を通って行きながら、宣教し、神の王国の福音を告げ知らせていた。弟子たちも一緒だった。……何人かの女たちも同様に彼と一緒にいた。つまり七つの悪霊どもが出ていった、マグダラの女と言われていたマリヤ、そしてヘロデの管理人クーザの妻ヨハンナ、そしてスザンナ、そして多くの他の女たちも一緒であった。彼女たちは、自らの財産のなかから布施しながら彼らに仕えていた」

つまり無断で侵入し、しかも無言のままイエスの体に直接油を塗る大胆不敵な塗油の行為に及んだ女は、単独犯ではあったが、その背後には数多くの女たちがいたのである。とすれば、その行為は女たちの総意だったかもしれない。もちろん確証があるわけではなく、あくまで私の推測である。しかしそう考えるのが自然ではないか。なぜなら、女たちの共同生活にあって秘密の保持は、男のそれに比べれば比較にならないほど難しいことは常識だからである。特に単独でイエスに接近し、その体に直接触れ、塗油をするなどという個人プレーは、どのように考えても許されるはずのものではなかった。

そうした状況下で、しかもそれが決行されたという事実を考えれば、それは女たちの支持がすでにマグダラのマリヤにあったからこそ、それが彼女に許されたことを意味する。つまり、それは女たちの総意だった。そのように考えることが可能なのである。あるいはそうするために、マグダラのマリヤはわざわざそのように女たちを説得したかもしれない。イエスの運命と意志は、斯《か》く斯く然々《しかじか》であると。そうであれば、女たちはイエスの行く末とその将来、その未来と運命を彼女たち同士で日々語り合い、そうした行為のなかで互いにそのことを納得していたのかもしれない。そうであればこそ、イエスが過酷な十字架刑に処せられたあとも、女たちは嘆き悲しむばかりではなく、意外な冷静さでイエスの死を受け止めている。そのことはあとで触れる。

　しかし福音書には、こうした女たちに関する話は一切出てこない。それならイエス一行を追う女たちの間ではいったいどんなことが話し合われていたのだろう。今も昔も女のおしゃべりには変わりがないと私は思う。なぜなら女の生活は男に比べて段違いに現実的だからである。福音書内に見られる弟子たちの幼稚ぶりとは、その点大いに違っていたはずだと私は思っている。それゆえ現実的な女たちは、イエスの動向についてあれこれ想像をたくましくし、数多くの言葉を交わしていたはずである。しかしこの点についても、二千年に及ぶキリスト教史は、まったく触れていない。沈黙したままである。これでは、真の歴史の扉はいつまでたっても開くことはないだろう。それゆえ、私は勇を鼓して、次のような視点を提起してみたい。イエス一行に付き従った女たちの行動についてである。というのは言うまでもないが、この時の女たちの行動、つまりイエスの布教に付き従って移動していく彼女たちの行動は、当時の社会のなかにあっては、男たちのそれとは比較にならないほど大変なことだったということである。つまり言葉を換えて言えば、彼女たちに対する社会的偏見は現在とは比較にならないほど大きかったはずなのである。その点各福音書の作者たちはあまりに無神経で物書きとしては鈍感きわまりない。なにかを怖れていたのかもしれない。そのことを私は改めてここで強調しておきたい。そして同時に明敏なイエスは、それらのことも明確に意識し理解していたと思う。それゆえのイエスの対応なのだと私は思っている。

しかもイエスという男は、船の舳先が常に未来へ向かって進んでいくように、些末なことは平然と無視して前へ進む能力も備えていた。泥や船尾に渦巻く航跡など未来のためには見て見ぬふりをする能力もまた彼は保持していた。そしてその船のマストには、社会的弱者の旗も掲げられていたのである。そうした状況を念頭に置くと、イエスが咄嗟の気転で、

「なぜ、女を困らせるのか……この女は思い詰めていたことをしたのだ。つまり埋葬に向けて、前もって私の体に香油を塗ってくれたのだ。……私はあなたたちに言う、世界中で福音が宣《の》べ伝えられるところではどこでも、この女自身の行ったこともまた、その記念に語られるだろう」

という異例の言葉で、マグダラのマリヤの擁護に走った背後には、彼女の勇気や行為

に対する配慮もあったことは当然だが、私は明敏なイエスがこの女の背後に他の女たちの動静も察知し理解していたものだと判断する。考えてもみるがいい、もしマグダラのマリヤが単独で自分だけの考えで行動したとなれば、そんなことは女たちの世界ではけっして許されることではなかった。女たちの嗅覚は男たちのそれと比べ比較にならないほど鋭敏であり、段違いだったからである。そのような秘事は絶対に許されないものであることを、大勢の兄弟姉妹のなかで育ったイエスは知っていた。私がそのように推測するのは、その後、イエスが十字架上に処刑された後、その遺体処理に、この女、つまりマグダラのマリヤがその中心となって行動しているからでもある。

ここでも男の弟子たちは何の役にも立たなかった。後難を怖れての行動だったかもしれないが、彼らはイエスの処刑後数日間は姿を消したままである。どうしていいのかわからなかったのだろう。その経緯についてはあとで触れるが、その前に塗油の意味について今一度触れておきたい。それは次のような事実がその背後に控えていたからである。先に私は塗油について福音書のなかにあるイエスの言葉、

「……女は思い詰めていたことをしたのだ。つまり埋葬に向けて、前もって私の体に香油を塗ってくれたのだ」

というイエスの言葉に従ってその意味を説明した。つまり女の行為は、当時の埋葬時における習慣、塗油措置の一環だったと。そしてそれはそのとおりなのだが、しかし今

一つ私には、付け加えておきたいことがある。それは後に聖油という言葉でカトリック教会の伝統行事のなかに引き継がれていくものだが、ユダヤ教の伝統のなかにあっては「油を注がれた者は、神の業のために聖別される」という別の大きな意味ももっていたのである。つまりそれは聖油という言葉に示されているように、人が聖油によって選別され、メシア、救世主になっていくという意味でもあったのだ。三百デナリオンという途方もない高額な値段は、当時の一般労働者の年間所得に匹敵するともいわれている。その金額を考慮すると、女の行為の意味はさらに重要性を増してくるものと判断せざるを得ない。

それではいったいその費用はどこから出てきたのか、誰が負担したのか。最初に考えられることは、マグダラのマリヤが負担したのではないかということだが、私はそのように考えない方がよいと思う。なぜならもしそうであったとすれば、この行為におけるマグダラのマリヤの所業が、すべて彼女一人のスタンドプレーになってしまうからである。そのような愚行をマグダラのマリヤが犯すはずはない。すべての福音書が一致して指摘しているように、マグダラのマリヤは男たちの混乱を尻目に、すべてを無視しすべてを無言のうちに決行している。ここにこそ彼女の並々ならぬ決意と聡明さが現れている。イエスに塗油を施すことは、明確にイエスの行く末を理解し把握したうえでの行為であり、その驚くべき結果なのである。その大胆な行為はまさにその勇気と表裏一体のものと理解すべきで、そうした前後の状況を考慮すれば、いかなる非難を浴びようとも動じず、黙して語らず、沈黙こそが何ものにも代えがたい価値であることを、その行為者は理解していなければならない。彼女はそのことも熟知していた。そしてさらにつけ加えれば、この世では、時にそうした沈黙の傲然たる意志が必要であり、時にそれが危機的状況においては絶大な効果を発揮するものでもある。

マグダラのマリヤはそうしたことを知っており、なおかつそれにふさわしい勇気と聡明さをもっていた。そしてこれは私の憶測だが、マグダラのマリヤのような女には、そうした高額なお金がなかったと考えるのが常識であり、お金をもっていたのは、福音書の記述に従えば、他の女性たち、ヘロデの管理人クーザの妻ヨハンナやスザンナたちだったであろう。彼女たちは自らの財産のなかから布施しつつ、イエス一行に仕えていたと、福音書のなかでわざわざ記述されているからである。だとすれば高価な香料のお金は、彼女たちが持ち寄って工面したものだろう。そう考えるのが自然である。

しかし福音書は、この三百デナリオンという高額なお金を世俗的な問題にすり替え、女を非難し、ヨハネ福音書に至っては、わざわざユダの名を出し、こう言わしめている。

「なぜ、この香油は三百デナリオンで売られ、貧しい人々に施されなかったのか……」

そして返す刀でこうも書き加えている。

「……彼がこう言ったのは貧しい人たちのことを心にかけていたからではなく、盗人であり、金庫番でありながら、その中身をくすねていたからである」

彼とはユダのことである。ここでもユダは著しく貧乏くじを引かされている。他の福音書ではユダという個人名は上げられておらず、その場にいた弟子たちということになっている。だからユダとは限らないが、こうした状況のなかでは、ユダがマグダラのマリヤに対してこの種の言葉を口にして、彼女を排除しようとしたことも十分に考えられる。なぜならユダにとってみれば「イエスの十字架への道」はまさに二人にとって秘中の秘だったからである。その聖域へはたとえ誰であろうと踏み込んでもらいたくないというのが人情だったろう。だからユダにすれば、それは当然の心情でもあった。しかしそれはどうやらかなわなかったようである。もちろんイエスにとっても、この重大な時期に前触れもなしに女に踏み込まれ、無言のうちに行動に移されては、やはりこころ穏やかでなかったろう。私はそう思う。

しかし、そこはやはりイエスである。イエスは真っ正面から無言の女の行動を受け入れ、動揺する周囲に対し「女を困らせるな……女は良いことをしたのだ」と断言し、さらに言葉を続け、危険極まりない歯車をそのまま前へと進ませている。「受難予告」で三度も弟子たちに自らの運命と死を予告していたイエスにとっては、今さら何でもなかったことかもしれない。なぜならすでに彼の死への覚悟は決まっており、その覚悟は不動だったからである。だからイエスにとって今さら隠し立てなどする必要はまったくなかった。しかしユダの立場から言えば、けっしてそうではなかったはずだ。イエスの船は、そうした様々な思いを乗せながら、その最期の時に向かって進んでいった。舵を握っていたのはもちろんイエスである。そしてその後ろで、ユダは息を潜め、イエスの一挙手一投足を見守っていた。もちろんその後ろにはイエスに付き従う女たちもいた。そのなかにマグダラのマリヤもいたのである。

しかもこのマグダラのマリヤは、イエスが十字架上に果てた後も、さらなる重要な任務を果たしている。イエスの死体処理についてである。

通常十字架刑で処刑された罪人の死体は、闇から闇へと葬られるのが一般で、一説にそれらは野獣の餌にされたり、あるいは、当時のゴミ捨て場だったヒンノムの谷へ遺棄されるのが、普通だったという。ヒンノムの谷は、当時エルサレム市民からは地獄の谷と呼ばれた汚物処理場だった。そこからは常にひどい悪臭が立ちのぼり、その谷底からは汚物を焼く幾条もの煙が、昼夜の別なく立ちのぼっていたという。

しかし福音書によれば、イエスの遺骸はこうした運命から次のような次第で免れている。

それはマリマタ出身のヨセフというサンヘドリンの議員の行動によっている。福音書によれば、彼は立派な議員ということになっていて、彼もまた神の王国を待ち望んでいた人物とされている。彼は勇を鼓してローマ総督ピラトゥスに面会し、イエスの死体を下げ渡すよう求め、それを受け取り、亜麻布にくるんで、墓に収めたという。それを遠くから見ていたのがマグダラのマリヤと、ヨセのマリヤである。そして福音書によれば、彼女たちは安息日あけにイエスの死体に塗油を施すべく、香料を買いに行ったというのである。さらに福音書を辿れば、その先は次のようになっている。

「さて、安息日が過ぎ去り、週の第一の日の開ける頃、マグダラのマリヤとほかのマリヤは墓を見るためにやって来た。すると見よ、大きな地震が起こった。というのも、主のお使いが天から降って来て近寄り、石を転がしたのであり、そして、その上に座ったのである。彼の姿は稲妻のようであり、彼の衣は雪のように白かった。……お使いは答えて、彼女たちに言った。

『あなたたちはもはや怖れるな。なぜならば私は、あなたたちが十字架につけられた者、イエスを探しているのを知っている。彼はここにはいない。彼は、自分で言ったとおり、起こされたからである。……そこで急いで行って彼の弟子たちに言え、彼は死人のなかから起こされた。彼はあなたたちより先にガリラヤに行く。そこでこそ、あなたたちは彼に出会うであろう』」

このようにマタイ福音書は語っている。マグダラのマリヤは神のお使いの命を受け、イエス復活の話を弟子たちに告げる重大な役目を担わされている。そうであれば、彼女がどれほど重要な人物かは明瞭であろう。

ここまで私は、ユダとともに、イエスの心の奥底に近づき、そしてその闇を知っていた女として、マグダラのマリヤをあげ、その根拠をあれこれ考察してきた。しかしこうした道草もそろそろこの辺りで切り上げなければならない。

なぜなら私の興味は、一貫してイエスの特異な生涯にこそあるのだから。その前提で今一度福音書に戻ってみたい。すると、そこに展開されるイエスの生涯には、まことに奇異なことに福音書のどこを探しても、イエスの青春像がないのである。一体全体これはどういうことであろう。その謎にこれから迫ってみたい。もちろんそれが無謀な行為であるということを十分承知したうえでのことである。

第三章

イエスの青春

聖書はなぜか、イエスの青春を不問にしている。彼のもっとも苛烈であったはずのその青春には一切触れようとしない。なぜだろう。私はそのことを常々不満に思っている。

通説では、イエスはヨハネの呼びかけに応じるまで、結婚もせず父ヨセフの跡を継いでいたとされている。結婚もしないユダヤの若者を、何事も起こさなかったことをいいことに、イエスが安易に大工をしていたなどと記述して、一向に恥じない福音書作者たちの気がしれない。プライバシー尊重だとでもいうのだろうか。あまりに無神経ではないか。しかも四人の福音書作者が揃いもそろって、一言もイエスの青春に触れようとしないのである。

なぜだろう。その不自然さに彼らは気づかないのだろうか。私とすれば間違ってもよいから、イエスの青春に一言でも触れておいてくれたらと残念でならない。もしイエスの青春に関する一言、一行でもあれば、それなりの想像が可能となり、後世の我々にもそれなりの絵が描けるからだ。なのに四人の作者は、四人とも右にならえで沈黙している。彼らは福音書の他の箇所では、あちこちで齟齬《そご》をきたしているのに、イエスの青春については一行どころか、一言も書かないことで見事に一致している。まるでそこだけは、アンタッチャブルだと言わんばかりである。

福音書を子細に読めばわかるが、イエスには大工関係に関する比喩がほとんどない。そのことが意識的だったのか、そうでなかったのかは別にしても、それだけでも奇異である。あえて拾おうとすれば、マタイ福音書の「二種類の家」のたとえくらいであろう。つまり岩の上に建てられた家は強く、砂の上に建てられた家は弱いというものであるが、そんなことはイエスのたとえというより、単なる一般論にすぎない。小学生でも知っていることだ。その代わりにといっては何だが、イエスは他の事例については、驚くべき豊富な観察力と洞察力をもっている。私はこのアンバランスにこそ、黙して語ろうとしないイエスの青春が隠されていると思う。

イエスが死して二千年、その間、歴史がそのことにまったく焦点を合わせようとしないのは、いったいなぜだろう。私にはそのことが理解できない。イエスが十字架上に死んでからも、生き証人ならいくらでもいた。母マリヤもいたし、彼らの兄弟姉妹も健在だった。ユダを除く弟子たちは、その後長きにわたってイエスの教えを布教し、殉教しつつも大聖人へと成長している。そして後世、キリスト教の教えと、その方向性を決定づけたとされるパウロもまた健在だった。パウロは数々の著作を残しはしたが、しかしそれでいて、イエスの青春にはまったく触れていない。触れようとしないのだ。イエス自身も触れようとしなかった。おそらく触れたくなかったのだろう。それほど苦悩の青春だったのだと、私は密かにそう思っている。

イエスの死は西暦三〇年とされている。そして使徒ヤコブは四四年に殉教し、パウロは六一年、イエスの兄弟のヤコブの方は、六二年に殉教している。そして西暦七〇年にはマルコの福音書が出ている。このように歴史の年次を眺めれば、イエスの青春像がわからなかったなどということはあり得ない。ちなみにマタイ福音書、ルカ福音書はその成立が八〇年頃とされ、使徒行伝は八一年とされ、一番最後の福音書であるヨハネの福音書も九〇年頃には成立している。今と時代が違うと言えばそれまでかもしれないが、そうとも言えない節がある。ちなみに三大宗教を覗いてみると、イエスの時代を遡ること五百年も前の時代に生まれた釈迦は、イエスのようにはなってはいない。その苦悩の青春は、かなり詳しく記述されている。

一方、イスラム教の開祖とされるムハンマドについても同様だ。イエスだけが違うのである。そして釈迦もムハンマドもその教義のなかでは、己の青春における実体験を、その中心に置いている。ムハンマドに至っては、彼自身が商人出の男だったということもあり、その比喩や教えの大半は、商人的利得の、現実的表明にすぎない。この点でもイエスは異例である。それゆえイエスの青春については、今となっては想像するしかない。くどいようだが、イエスは三十六歳で死んでいる。そのうちの実に二十一年間が空白であり、まったくの行方不明であり不問なのである。

この事実はやはり異様としか言いようがない。それゆえ私はこの部分を、私の勝手な独断で埋めようと思う。埴輪の大きく欠けてしまっている部分を補うように。もちろんそれは捏造ではない。捏造であってはならないからだ。冗談っぽく言えば、それは空想と想像とによってであり、さらに言葉を換えて言えば、私のイエスに対する愛からである。といっても私に何一つ確証があるわけではないが、かなえられない愛というものは、古来空想と想像の産物であり、そうした行為が時に時代を動かしたこともある。だからそう信じたい。具体的には私は文学的詩的世界のことを言っているのだが、しかしそれほど誇大妄想的にならなくても、次のようなことは言えるのではないか。

イエスはけっして酒嫌いではなく、むしろ酒好きで、大酒飲みであった。それでいて酒で乱れるようなことは一度もなく、体は大きくなかったが健啖家でもあった。イエス自身そう言っている。つまり体に似合わず大食いであり、誘われればどこへでも入っていけるタイプの人間であり、それだけでなくたちどころにその場で相手を魅了し、感嘆させてしまう人間だった。それゆえ社交家とまでは言えないにしても、イエスはけっして家に閉じこもっているような人間ではなく、父ヨセフのようにまじめな大工として家族を守るタイプの人間でもなかった。むしろその逆で、イエスがもっとも苦手にしたのは、父ヨセフのようなタイプの人間だったのではないか。そこにも平凡な日常生活を送れなかったイエスの悲劇がある。イエスは、おそらく型どおりの職人気質の人間が、一番苦手だったのではないか、私はそう推測している。なぜならイエスの真骨頂は、融通無碍《むげ》、臨機応変というところにあったからである。若い頃はおそらく世間知らずで子供っぽくて、おしゃべりで純粋で、それゆえ軽薄なほど才気ばしった男ではなかったか。

イエスの立場から見れば、他の男たちはすべて馬鹿に見え、愚か者に見え、さらには賢くは見えなかったろう。もちろんそのことを、直接的にあるいは間接的に指摘したり論破したりするほどイエスは愚かではなく、その種の愚はけっして犯さない男でもあった。そんなことをすれば、何より自分が損であることを、この賢い小男は知っていたからである。言葉はブーメランに似ていて、結局自分のところに回帰してくる。イエスはそうした実体験の日々を無数に重ねながら、人類史上誰もがなし得なかった、驚嘆すべき未曽有の高みへと自分を磨き上げ、驚嘆すべき独自の比喩力を身につけていった。その日々こそが、イエスの青春だったと私は思っている。そうした青春が、彼の大工仕事のなかで可能だったかと言えば、それは難しかったのではないか。

イエスは才気煥発だったが、おとなしい父ヨセフには歯が立たなかったようだ。というのも、父のヨセフはイエスが何を言おうと、笑って聞き流すだけの男だったからである。つまりヨセフは、普通の父性とはまったく違うタイプの男だった。その意味でヨセフは、イエスのなかに特別のものを見ていたのかもしれない。彼はイエスの邪魔をけっしてせず、天真爛漫なイエスをそのまま放置し、無関心を装い、その行動を無言で見ていた気配がある。もちろんそれもある種の、父性の愛であることにちがいない。

しかしこのように干渉されず、自由奔放に育てられた男が幸福だったとは限らない。むしろ逆だったろう。イエスに対するヨセフの無言の愛は否定できないが、このように扱われた男の悲劇は、つまりイエスのことだが、端的に言えば、結局才気走った男の悲劇として、同じ場所にはけっして長居はできないという結果を生んだ。

それゆえ大工というような地味な仕事は、イエスには不向きだったと私は思う。それならいったいどんな職種がこの男にふさわしかったろうかと、そのことを考えたいが、おそらくそんなことは考えるだけ野暮だろう。なぜなら、イエスというような男に適合する職業など、この世には存在しなかったからである。もしあったとしたら、イエスはおそらくイエスたり得なかっただろう。私はそう思っている。イエスはそうした自分をもてあまし、あらゆる場所を転々とした。そうするしかなかった。その挙げ句、彼は自責の念と罪の意識に苛まれることになり、そこに神が介在してくるのである。そういう余地こそが彼の青春だった。そしてその自責の念と罪の意識こそ、まさにイエスの青春だったのではないか。イエスは自分が社会に受け入れられないことを恨めしく思いながら、しかしそうかといって、彼は自分を社会に合わせるような男でもなかった。その点では、ヨハネも同様だった。その点二人は軌を一にしている。二人は自分という存在に徹底的に誠実で、その誠実さの果てに、二人は神への道を発見することになっていったのだと思う。

もちろん違う点もあった。ヨハネはイエスと違い、最初から社会に見切りをつけ、さっさと荒野に退いてしまっている。思うに彼らは、凡人には窺い知れない桁外れの自尊心と強烈な矜恃をもっていたのだろう。そうであるならこうした彼らの行く先には、いったいどのような世界が待っていたのか。そのことが当然、問題にされなければならない。しかし、その前に一つだけ触れておきたいことがある。それはこの二人が社会に受け入れられず、悶々とした精神生活を続けながら、その心の奥底には、己の神という断固とした、それでいてけっして揺らぐことのない話し相手を擁していたことである。それゆえであろうか、イエスもヨハネもけっして権力者や政治家に近づくことはなかった。

なぜなら彼らの心の奥底には、彼らの神が宿っていたからである。しかしこの神は、彼らの胸に宿ってはいたものの、簡単には彼らを受け入れようともしなかった。イエスにしてもヨハネにしても、そうそう簡単に自分たちの神に出会ったわけではない。彼らの前には、ユダヤ教という巨大な神的世界があり、伝統があり、社会があり、律法があり、教えがあり、なおかつそこに当然のことながら頑迷な人々がいたからである。それゆえ、二人は七転八倒し、想像を絶する苦悩を重ね、何度も絶望の淵に立たされ続け、その挙げ句の果てにやっとのこと、おそらくは自分の命と引き替えるようにして、自分たちの神を、その人生の最後の最後になってようやく見出すことができたのである。

思うにそれは、美しい蝶が醜いさなぎという殻を脱ぎ捨てて、新たな自分を獲得するようなものだったとそう比喩することも可能かもしれない。それはある意味奇跡だった。なぜなら、ヨハネとイエスの背後には、ヨハネとイエスになり損ねた無数の若者たちがいたからである。歴史はそうした若者たちの墓場でもある。ならばヨハネとイエスは、そうした彼らとどこが違い、どこが特別だったのか。そのことをこれから考えていきたい。その違いをわかりやすく言えば、二人は最初からこの世の利得を度外視し、最初からすべてを捨てる覚悟をもっていたことにある。私はそう思うが、しかしそれでもなお、二人は自分自身を許すことはできなかった。というのは、彼らの抱く神が、それを許さなかったからである。それゆえ、彼らもそうした状況にいる自分自身を許すことができず、結果としてそうした自分の青春像を語ることを好まなかった。そしてそれこそが二人の青春だったと、私は想像している。

自己に忠実であることが、そのまま社会に対する反逆に転化していくことは、よくあることである。その意味で言えば、イエスは間違いなく反逆児だった。彼の驚くべき早熟さと、その瞠目すべき天才性からすれば、そうした運命も早晩避けられなかっただろう。そしてその最初の犠牲者は、おそらく彼の家族だったはずだ。その兆候はイエス十二歳の時の次のようなエピソードに如実に示されているが、今はそのことに触れない。

ここでは一般論を基本に進めたい。わかりやすくいうと、まず反逆する子供が、最初にぶつかり合うのは父親である。なぜなら父親という存在は、社会を代表し、かつ家族を代表しているからだ。そのことは古今東西を問わない。しかしおとなしい父のヨセフは、運が良かったのか悪かったのか、イエスとの間に決定的な衝突と対立を生まなかった。ヨセフはイエスが成人する前に死んでしまったからである。福音書にその記述はないが、イエス十九歳の時という。おそらくその頃だったろう。それで大きな間違いはないと私は思っている。それ以後、その役割を担ったのは、母マリヤであり、兄弟姉妹である。しかしイエスのような異能異才、人類史上類を見ない奇形とも思われる才能豊かな人間を出してしまった家族にとって、イエスは災難以外の何ものでもなかったはずだ。私にはそう思われる。それゆえ、イエスによる人類史上最初にして最大の受難者はイエスの家族だったということになる。そう言って大きな間違いはないと思う。

大天使ガブリエルの告知のもとに生まれた神の子イエスは、そのような幼少期を過ごし、青春期に入り、世間と対峙し始めると、悪魔へとその相貌を変えていった。神に祝福された幼子イエスの純な魂は、苛烈な世間の風圧のなかでは、そう変じざるを得なかったのだ。そうしたイエスを前に、母マリヤをはじめとするその家族は、怒れるイエスにどう対処して良いかわからなかっただろう。当然だった。例がなかったからだ。彼らは怒れるイエスを前におろおろし、息を潜めるばかりだった。怒りが過ぎ去るのをただ待つ以外に手段も方法もなかった。

聖書のうち、もっともイエスについてまっとうな記述をしていると思われる四つの福音書のどこを探しても、イエスの家族に対する記述は恐ろしく少ない。ほとんど見当たらないと言っていい。後年聖母マリヤとして世界中から愛されるマリヤにしてもそうで、その存在感は微々たるものである。ただそうであってもこの家族の偉大性は、そうした怒れるイエスや、荒ぶる悪魔のような神聖を備えたイエスに対して、けっして正面衝突はせず、拒否もせず、耐えに耐えて、怒れる獣を見るように最後までイエスを見守っていたことにある。そしてその奥底には、イエスに対する尽きることのない愛情が潜んでいたことは言うまでもない。その一方でイエスはと言えば、終世この家族の無尽の愛に身を委ねることを潔しとはせず、むしろその愛を重荷に感じていた。イエスとはそういう男だった。人を愛することはできても、愛されることに安住するタイプではなく、むしろそれを苦手とするタイプの人間だった。確証はないが、イエスは結局のところ、こうした家族の愛に耐えられず、家を出たものと思われる。私はそう思っている。

なぜなら、もし逆にイエスが己の内発する怒りを抑えて、そのまま悶々として大工仕事を続け、怯える家族たちのなかでいつまでも我慢していたら、イエスは結局のところ、平凡なユダヤの若者としての人生を終えることになり、名をなすこともなく、つまるところイエスたり得なかったろう。福音書を読んでいていつも苦笑してしまうのは、イエスという男は、ひどく気が短いことである。それゆえであろうか、彼はいつも怒っていて、過敏な小動物のように身構えており、即座に相手の本質を見抜き、その核心を正確無比に摘出してしまう恐ろしいほどの能力の持ち主でもあった。前後左右など彼はけっして見ていない。見る必要がなかったからだ。

おそらく彼の思考のなかでは、世界は彼を中心に動いていたはずだ。彼には世界がそのように見えていたからである。そして彼はそのようにも世界を見ていた。その意味で彼は間違いなく、神にもっとも近いところにいた男である。イエスが神を我が父と呼んだことも、己を神の子と称したことも、彼の感覚からすれば異常なことではなく、ありのままの告白だった。それゆえそれは誇大妄想でも何でもなく、彼にとってはまったく正常なことであった。しかしそれでいて、この男の偉大なところは、終世弱者としての視点をけっして失わないことだった。彼は神の視点に迫りながら、その直前できわどく踏みとどまって、自分が人間界の存在であることを最後までけっして忘れなかった。

福音書を読めば、そのきわどさは手に取るようにわかる。イエスは溢れるような才能をもちながら、一度としてその才能に酔うこともなく慢心することもなかった。その点イエスは厳しく己を律しており、必要以上に用心深かった。名をなすことなど論外であり、噂になることすら怖れていた。彼はそのことを弟子たちにも言い続けた。「他人に洩らすな」と。それゆえ彼は土地の有力者や、政治家、宗教家などには一切近づこうとしなかった。なぜなら、それらはイエスにとっては邪魔だったからである。そのことをイエスは誰よりもよく知っており、本能的にそのことを察知していた。

もし自分がそれらに取り込まれたら、その瞬間にすべてが終わってしまうであろうことも。そして彼の恐るべき直感は、自分の本領がそのきわどいところで初めて十全に発揮されるということも知っていた。その具体的な事例が何であるかは、これから先徐々に考えていきたいが、その前に彼の名もなき青春時代の、その放浪のさまについて、私なりに触れてみたいと思う。

その放浪時代、彼は己を厳しく律しながら、埃にまみれたロバのように、街から街へとひとりで渡り歩いていた。私はそう思う。名もなく金もなく、流浪するユダヤ人さながらに、名誉も金も欲せず、弱者から弱者へと渡り歩いていた。その目は鋭く輝き、鷹の目のように世の中を見ていた。同時にこの世を彷徨《さまよ》う蜉蝣《かげろう》のように細々と渡っていく人々の姿も見ていた。そのようにしてイエスの目は、次第に神の目へと近づいていったのである。してみればイエスの家出は、神に導かれたものだったと、そう言い換えてもいいのかもしれない。そしてその結果が、どのようなものになっていったかを、これから先、我々は福音書のなかにその姿を見ることになる。

さてここまでくると、ここでもう一つ、我々がけっして忘れてならないことがある。それはイエスとほぼ同時代に、イエスと同じような行動を取っていた男がいたということである。その男とはイエスの遠縁に当たるヨハネである。ヨハネについては、これまでも機会あるごとに触れてきた。この先もヨハネについては、イエスと抱き合わせであれこれ語ることになるので、ここではその詳細を省くが、重要なことは、ヨハネはイエスに先立つこと半年前に生まれ、終世常にイエスの先を歩いたことである。そして老祭司の一人息子として生まれた彼は、福音書に記述されているように、早くして家を捨て、世を捨て、荒野に赴いている。彼の目的ははっきりしていた。それは荒野で神と対面し、神の声を聞き、神の指示の下に生きることだった。思いも行動もイエスとよく似ている。違うのはヨハネは荒野を目指し、イエスは荒野を目指さず、むしろ人の住む世俗の巷を彷徨《さまよ》うことによって、神の声を聞こうとしていたことである。その善し悪しを私に論ずる資格はないが、しかしそこにはヨハネの古さと、イエスの新しさは見てとれる。

そうした二人の上を、時は容赦なく過ぎていった。容赦なくという表現を私が用いるのは、二人の青春のすさまじい不毛ぶりを指摘しておきたいためである。そのことをよりわかりやすく言えば、この偉大な二人にしても、その青春時代、つまり彼らの二十代から三十代にかけて、さらに言えばその先、三十代を超え、さらにその先に三十代の半ばがちらつきはじめ、それらの人生の容赦ない時の堆積が彼らを苦しめ、彼らに最後の決断を迫っていた事実に触れたいためである。それでも彼らは何もなし得なかった。彼らの青春時代の特徴は、つまり何事も獲得できず、何事もなし得なかったことにあり、そのことに尽きることである。それはただ不遇だったというような甘いものではなかった。そこには一条の光もなく、暗夜ばかりで出口そのものもなかったのである。

そうした苦難の果てに、ようやくヨハネは神の声を聞き、ヨルダン川へと出てくる。預言者としてである。そしてイエスもそれに続いて歴史のなかへと飛び出してくる。そしてこの二人の劇的な邂逅《かいこう》と別れは、後で詳しく触れるので、ここでは触れるつもりはない。ただ一つだけ、蛇足かもしれないが付け加えておきたいことがある。それはこの二人が、ともに神童と呼ばれるほど早熟でありながら、結局はその青春時代では何事もなすこともできず、まったくの無為に終わってしまったことである。その反動が、三十代を超えてからの彼らの人生に、大きな影を落としていくことになったと、私はそう思っている。わかりやすく言えば、彼らにはもはや戻るところも帰るところもなかったのだ。枕するところさえなかったのである。すでに二人にとっての青春は過ぎ去り、目に見えない人生の時は、夜の岸壁に打ち寄せる無言の波のように、歯をむいて彼らの足下へと押し寄せていたのである。そして時はそのようにして次第に、彼らの周囲に満ち始めていた。

それゆえだろう。福音書内に出てくるイエスは、常に苛立っている。年齢を考えれば、そのことも当然で、イエスは万事を急がねばならなかった。そうであるが故にイエスは福音書にあるように、どのような場面でも引くに引けなかった。イエスの強引さはそこにもあり、その心境は悲痛だった。なぜなら彼が背負っていた現実と、その彼が果たさなければならない現実との差が、あまりに大きかったからである。その乖離《かいり》に彼は苦しんだ。そしてそれこそが、彼と彼の弟子たちとの違いであり、溝でもあった。果たしてその溝とは、具体的にはどのようなものだったのか。

そのことを念頭に、同じマルコ福音書にある三回目のイエス受難復活予告を、見ておきたい。それはイエス一行が、ユダヤの首都エルサレムへ上がる途上で起きている。イエスが先頭で、弟子たちがそれに続いている。ただしこの弟子たちは、彼らが主であると仰ぐイエスの言動をほとんど理解することができず、理解しようともせず、まったくの能天気でイエスに従っている。その弟子たちに、イエスの孤独な声が響く。すでに三回目になるので、枝葉は省くが、肝心なところは以下のとおりである。

「見よ、私たちはエルサレムにのぼる。すると人の子は祭司長たちや律法学者たちに売り渡される。そして彼らは彼を死をもって断罪し、異邦人たちに引き渡すだろう。そして彼らは彼をなぶりものにし、彼に唾を吐きかけ、彼を鞭打ち、そして殺すだろう。そして三日後に、彼は甦るだろう」

異邦人とはローマ人のことである。

イエスはここまで語っている。切迫感はすでに尋常ではない。つまりイエスはもはや引き返せない地点まで来ていたのだ。イエスは自分をそこまで追い込んでいる。しかも事柄は、より具体的になっている。弟子たちが不安に駆られるのは当然だろう。

しかしここで忘れてならないことがある。それはイエスがこうした自分の悲劇的な姿を、自ら描きながら、その主人公である自分が殺された後、必ず三日目に甦ると預言していることである。つまり彼の口にしている受難の死と復活とはセットなのである。そして復活とはユダヤ伝統の教義のなかにあるもので、偉大な預言者の魂は死後、必ず残された人々の心のなかに甦るというものでもあった。イエスはそのことに自分を賭け、そのことに自分を重ね、そのことを繰り返し述べている。二度も三度も飽きることなく、何かに憑かれたように、無理解な弟子たちに取り巻かれながら、一人焦燥しつつ、それでもなおかつ執拗に、それがあたかも神に選ばれてあることの栄光と悲惨さの証であり義務であるかのように。イエスは折に触れ、ことあるごとに、しかもその己の最期の瞬間に向け、そのトーンを一段と強め、かつ高めてゆく。その軌跡こそ、イエスという男の謎を解く鍵である。イエスという男が何者であり、そして彼はどのような存在であり、いったい何を夢見、何を背負い、何を義務としていたかが、そこから明瞭になってくる。そしてそこにこそ、この世におけるイエスの実像と虚像とが、明瞭な光と影となって、より鮮明に浮かび上がってくるはずであり、またそうでなくてはならないと私は思っている。

そうであるなら、そのイエスという男の存在を支えたものはいったい何なのか。そしてそのような行動を彼に取らせたものは何なのか。その軌跡を彼の行動のなかに探ってみたい。その思いはどこから来て、どこへ行こうとしていたのか。目を凝らして見れば、その痕跡は福音書内のいたるところに散見される。その幾つかについてこれから触れていきたいと思う。

偽預言者の恐怖

イエスの生まれる前、すでにユダヤは長い歴史をもっていた。ユダヤ民族にとってユダヤ教は民族の根源であり、証であり、魂でもあった。ユダヤ民族イコールユダヤ教だったのである。そしてその栄光も苦難もすべてユダヤの聖なる書、聖書とともにあった。ユダヤの人々は、子供の頃から死に至るまで聖書によって生活を律し、そうすることによって愚直に神とともに生きてきたのである。そしてそのために、彼らはすべてを犠牲にすることもいとわなかった。この純粋素朴で、しかし同時にこの狭隘なユダヤ人の精神活動は、周辺の人々から、

「宗教の民」

と呼ばれ、恐れられるとともに、嘲笑の対象にもなっていた。

それでも、彼らの信念が揺らぐことはけっしてなかった。なぜなら先にも触れたよう

に、ユダヤ民族イコールユダヤ教であったからである。揺らげば、彼らはただちに民族としての、アイデンティティーそのものを失ってしまうからだ。彼らは常に神とともにあり、常に聖書とともにある民族だったのだ。

しかし、それでいて彼らは、けっして幸福だったわけではない。むしろ不幸だったと言ってもよいかもしれない。というのも彼らの黄金期は、長い彼らの歴史のなかでも、ごく限られたものであり、具体的には、ダビデ、ソロモン王の時代だけだった。合わせてもたかだか百年に満たず、他はすべて惨憺たる時代ばかりである。ゆえに、彼らはユダヤの神ヤハウェにすがらなければならなかった。皮肉と言えば皮肉である。その歴史は受難の歴史ばかりで、うち続く混迷の時代でもあった。角度を変えて言えば、彼らの歴史は理不尽の時代ばかりで、しかもその歴史は、民族的危機の連続でもあった。

神ヤハウェを奉じながら、どうしてこのようなことになるのか。解せないことばかりだったといってもよい。神とともにある民族が、どうしてこのようなことになり、どうしてこのような不幸を背負わなければならないのか。当然のことながらその原因がどこにあるのか、ユダヤ人たちはそのことを真剣に考え、その出口を懸命に探し、そのことを常に考えなくてはならなかった。

その任を背負ったのが、預言者と呼ばれる一群の人々だった。預言者とは、ユダヤ教独自の宗教観から生まれたもので、それは、

「神の言葉を、預かった者」

という意味である。そしてそれは、

「神の口」

とも呼ばれ、時にそれは、

「神ヤハウェの怒りの声」

として鳴り響き、

「ユダヤの民に下される審判の宣告」

でもあった。


そして、その多くは、神ヤハウェの意志を踏みにじったユダヤの民に対して下されるものであり、もし神の声を聞かず、そのまま現状を放置すれば、懲罰として、ユダヤの民の滅亡すら予告されるという苛烈なものでもあった。

預言者たちはこうした神の意を、預言として民に伝える一方で、民の代理者として、神へのとりなしの義務をも担った。つまりは、神と民との仲介者というわけである。もちろん無条件というわけではない。神への取りなし条件としては、厳しい悔い改めが条件とされていた。そしてそれらの条件が用意され満たされた暁には、神ヤハウェによる救済処置が、選ばれた民であるイスラエルに、つまりはユダヤ人に対して行われるというのが、彼らと神との約束であり、契約であり、その歴史認識であり、同時にそれが彼らの宗教認識であり、つまりはユダヤの民の精神構造でもあった。

聖書は、そうした彼らの精神構造を、その歴史のなかに刻み続けている。それゆえであろう。聖書のなかにはおびただしい預言者の名が記されている。それはけっして偶然ではない。むしろ歴史的必然だった。彼らの歴史はそのような構造になっていたからだ。すべてに触れることはできないが、ざっと触れてみると、次のようになる。わかりやすいところから始めれば、出エジプト記のモーゼからということになろう。

モーゼの次はサムエル、エズラ、ネヘミヤ、エステル、イザヤ、エレミヤ、エゼキエル、ダニエル、ホセアと続き、さらにヨエル、アモス、オバテヤ、ヨナ、ミカ、ナホム、ハバクク、セバニア、ハガイ、ゼカリア、マラキと続く。

しかしこれらの名は、正典とされる聖書に登場する人物ばかりで、いわばユダヤ民族の歴史のなかで活躍し、評価され、結果として歴史に名を刻んだ人々である。ユダヤ史に限らず、歴史に名をなす人々は、良くも悪くもその一部にすぎない。多くは泡沫のごとく消え去るのが、歴史の鉄則であり、それは人生と同じように、あれもこれもというわけにはいかないことの帰結でもある。聖書もその例外ではなかった。聖書はその背後に無数の外典、偽典の歴史を擁している。そしてこのことは、同時に預言者、救世主、メシアについても、同じことを示している。ユダヤ史では、神によって召命を受けた者、あるいは受けたと称する者、あるいは塗油によって聖別された者、あるいはそれらを自称して歴史の表舞台へと飛び出してくる者など多種多様な者が無数にいた。細かく見れば、飛んで火にいる夏の虫さながらである。

それほどユダヤは、周辺列強の圧迫を受けることが多く、そのたびごとに滅亡の危機が生じ、亡国の憂き目に遭うことも多かったのである。ユダヤは元来弱小国にすぎないのに、どういうわけか、この民は身の程知らずで、途方もない自尊心をもち、自らを神に選ばれたイスラエルと自称してはばからず、周辺諸国の嘲笑と顰蹙《ひんしゅく》を買いつつも、一向に平気でへこたれず、宗教と政治を適当に使い分け、時には入れ替え、その都度巧みに延命策をこうじ、生き延びてきた知恵の民であった。おそらくそうでもしなければ、彼らは生き延びることさえできず、とっくの昔に滅んでいただろう。その意味では驚くべき民であり、奇跡の民と言っても過言ではない。表面的には羊のようにおとなしく、ロバのように従順で辛抱強く、それでいて彼らは、狼的狡知さをしっかりその内部に隠しもっていた。それこそが、彼らの知恵であり本質であり、武器であり、本領でもあった。

彼らにとっては、現実がどのように悲惨であろうと過酷であろうとも、そんなことは大して問題ではないのである。彼らにとって真に問題なのは神であり、聖書だった。彼らにすれば、現実は日々刻々変わっていくものであり、一方神と聖書は不変だった。それゆえ、彼らは己の神にすがり、その教えである聖書にすがり、ひたすらそれらを背負って生き続けたのである。もちろんそのための犠牲は、途方もないものだった。元来祭政一致を原則とするこの国が、国難が生じ国が危機に瀕するたびに、国論は四分五裂しながら揺らぎ続けたからである。それでも彼らは宗教の民を自認し、それゆえの栄光と悲惨の歴史を背負って生き続けた。自尊心も強く、自らを恃《たの》むところも大きかったから、その内紛も苛烈だった。そうした時代に、続々と登場してくるのが、預言者だった。

預言者とは、繰り返すことになるが、

「神の言葉を預かる者」

の意である。血統、性別、身体的特徴などを、庶民は一応預言者について、それぞれその好悪をもつ傾向にはあったが、しかしそれは好みに類する程度のもので決定的なものではなかった。単なる羊飼い出身の者もいれば、貧農もおり、遊女の子もおれば、どこの馬の骨ともわからない者もいた。性別などは数の問題にすぎず、女預言者デボラに象徴されるように国を救った偉大な女預言者もいた。身体的特徴については、これを云々する方が愚かだと思われる。もちろん、庶民感覚として預言者に、眉目秀麗、身体強健、五体満足であることを願い、そうした自分たちの気持ちを投影したがることはあった。そうした気持ちもわからないではないが、しかし現実の厳しい人生では、眉目秀麗、身体強健という見栄えの良い人間は、通常その頭脳の方が追いつかないのが現実でもあった。

それゆえ、結果論として、預言者にこれといった条件はなかったといってよい。端的に言えば、条件はなく、その気になれば誰でも預言者になれた。つまり預言者への道は、万人に開かれていたのであり、無条件だったのである。それゆえ、時代が混迷し、危機的状況に突入すると、その必然的結果として預言者は、雨後の丘陵地帯に咲く赤いアネモネの花のように至るところに出現した。

イエスの時代も、まさにそのような時代だった。ヨハネもイエスもそうした時代の激流に揉まれながら、異口同音に偽預言者の出現を、繰り返し激しく警告している。

「偽預言者に騙されるな」

と。その言葉を裏返せば、当時それほど偽預言者が多かったということだ。

それではいったい、預言者と偽預言者の区別はどこでどうつけるのか。それが問題である。特にユダヤ民族にとっての預言者問題は、預言者がある意味国家存亡の時にあって、救国の任を背負ったということもあり、現にそのことを期待される部分も途方もなく大きかったから、それは大きな問題でもあった。

一方ユダヤの母たちの切実な願いは、自分の子が救国の使者となり、神との仲介者となり、預言者となり、そして自分がその母となることだった。だからユダヤの子供たちもそのように期待されそのように育てられた。もちろんヨハネもイエスも例外ではない。

それは次のような、ユダヤの人々にとってはごく一般的な儀式にも見てとれる。それは彼らにとって、避けられない人生最初の儀式にはっきり示されている。それは神との契約である割礼時に捧げられる次のような言葉だ。

「この幼子が、大いなる者になりますように……」

つまりユダヤの子供たちは、生まれながらにして、

「大いなる者に……」

つまりは預言者になることを期待されていたのである。イエスもヨハネも例外ではなかった。あたかもそれはさなぎが蝶に変身するように、神の召命があればいつでもユダヤの子供たちは、そのまま神の使徒として、栄光の預言者になることが可能だったのである。そしてそうした期待が、ユダヤ国民のあいだでは、日常茶飯事でもあった。

彼らの日常会話のなかには、実にそうした多くの噂話が、まことしやかに流布していた。あることないことを、彼らは噂し合った。それほど彼らの生活は苦しかった。ある意味噂話は、彼らがその自分たちの日常生活から逃避する手段であり、形を変えた神とのコミュニケーションであり、同時に彼らの罪のない娯楽でもあった。見知らぬ旅人が村に入ってくれば、それはもうそれだけで結構な噂になる。そういう時代でもあった。単なる旅人でも、時にそれは賢者になり、万一言葉を交わせば、もうそれだけで、

「旅の賢者は、かく語った」

ということになった。

夜中、外へ出て流れ星を見れば、それはそのまま、

「星の予兆」

として村中に広まった。万が一、

「ヘルモン山に虹でもかかろうものなら」

それは、即座に神の予兆として喧伝され、その具体的真意が国のどこに現れているか、捜索されることにもなった。それだけではなかった。他にも様々な言い伝えがあった。たとえば、ベツレヘムに預言者が現れることは、先祖代々からの言い伝えであり、それを見逃すことは赦されなかった。だから人々は、その神意を見逃さないよう懸命に生きていた。万が一見逃すようなことになれば、それはそのまま神の意志に反する一大事だったからである。


そしてこの世に起きる様々な奇跡も、同じように考えられていた。ユダヤ人にとって奇跡は、神の恩寵だと一途に考えられていたからである。特に彼らにとって、春の大祭である過越祭では、このユダヤ人の感情が最高潮に達する。なぜなら過越祭は、出エジプトに象徴されるように、神の奇跡によって奴隷状態にあった彼らが解放され、民族的独立意識とアイデンティティーを獲得した、まさにその歴史的事象に基づいたものだったからである。ユダヤ人はこの祭りをとおして父から子へ、子から孫へと神の奇跡を伝え、そうすることによって神との一体感を認識し、日々確認し続けていたからである。

それゆえ、祭りが近づくにつれて、ユダヤ人の誰もが神経過敏になる。神の恩寵があるのかどうか、果たして自分の行動は正しかったのかどうか。誰もがあれこれ考えるからである。しかし、これはユダヤ人にとってはごく普通の意識であり、ある意味人情でもある。そしてこうした意識は、当然のごとく預言者にも向けられる。彼らは預言者を一方で激しく希求しながら、同時にその預言者に対して厳しい猜疑の目も向けていたからである。ヨハネもイエスもその例外ではなかった。当然であろう。もし間違った預言者を、間違って支持することになれば、それは神の意に反することにもなるからだ。

それなら預言者と、偽預言者をどこでどう見分けるのだろう。見分ける基準はいったいどこにあったのだろう。あれば便利だが、この種の問題は事が事だけに、その真偽の判定は容易ではなかった。物事の成就には時間が大切だし、他に政治的状況もあれば、宗教的状況もある。そしてさらにはそれらに絡まる複雑な力関係もあり、正義だけで社会が動いているわけではない。往々にして悪の力で社会が動き出すこともあったからだ。民はそれらのことも考慮しつつ、神との対話を続け、彼らなりの一つの結論をもっていた。それは神の言葉を口にする者、つまりは預言者のことだが、その預言者の言葉が、果たしてこの世に実現するかどうかを問うことだった。それが当時の彼らの預言者への一般的判断基準になっていた。ある意味これは単純明快であり、まさに合理的と言えばそのとおりであり、当然と言えば当然の基準でもあった。

しかしこれは、逆に預言者と名指しされる者にとっては、その判断基準があまりに透明で、あまりに単純であっただけに誤魔化しや融通がきかず、厳しくも苛烈なものであったことも事実である。

それゆえ預言者の行く末には悲惨なものも多かった。神によって選ばれた者は、それなりの責任を負うべきだったからである。つまり預言者として立つには、神の召命はもとより、それなりの覚悟も必要であり、それが厳しく要求されていたのである。その最たるものが、自己犠牲だった。自己犠牲なくして、預言者になることは不可能だった。

その視点から眺めてみると、歴史に名を留めた預言者の多くも、最初は預言者になることを躊躇している。逃げ腰である。預言者になることの過酷さを知っていたからだろう。それゆえ、預言者のなかには、神の召命から逃げ出した者も少なくない。なかでも有名なのがヨナである。ヨナは神の召命を受け、敵国アッシリアの首都ニネベ行きを命ぜられると、神の命令を聞かず、その反対方向へ向かう船に飛び乗って逃亡する。しかし結局は大嵐に出遭い、大魚に呑み込まれ、やっと悔悟し、神の意に沿うことを決心する。その後彼は、神の命令どおり、敵国アッシリアの首都ニネベに乗り込み、勇敢に預言を始める。

この話は単にヨナだけに限らない。多かれ少なかれこの種の話は、預言者たる者につきまとう。そのことは、神に選ばれし者の容易でない複雑な心理をも示している。それは巷間呟かれるところの、「恍惚と不安」である。言うまでもないが、神はやはり人間にとって特別な存在であり、その神の意を受け、神の言葉を預かり、人々にその話を聞かせ、そして神への仲介に向かうとなれば、その使命が、容易ならざるものとなるのも、ある意味当然だったのである。

ならばその点に焦点を当てて、ヨハネとイエスの行動についても考察をする必要があるだろう。

まずヨハネについて、知られているところを福音書に従って素描してみると、おおよそ次のようになる。

イエスが生まれる六ヶ月前のことである。大天使ガブリエルは、もう一人の聖者の誕生を告げるため地上へ降りてきた。マリヤの親戚エリザベトのもとへであった。やがてエリザベトは男子を出産する。その子はガブリエルの言葉に従い、ヨハネと名づけられる。その父ザカリヤは、我が子に向かって次のように預言する。

「お前は、貴い人、預言者と呼ばれるだろう。人々に先立って歩み、その道を整え、罪の赦しによる救いを、人々に知らせるだろう」

父の預言を体し、ヨハネは己に厳しい生活を課す。神の召命にふさわしい己を完成するためだった。そのために彼は一切の欲望を排除した。誓願のために、ナジル人のごとく女色を断ち、酒を断ち、生存のための食料すら最低限のものにした。巷間伝えられているところでは、その食料は、イナゴと野蜜であったという。その出で立ちも、粗末なラクダの毛の衣に、皮の帯を締めていたと伝えられている。そのようにして、ヨハネは預言者としての覚悟を定め、そのうえで預言者エリヤの言葉を口にし始めた。

言葉は次のようなものであった。

「荒野で呼ぶ者の声がする。主の道を準備せよ。その道をまっすぐに整えよ。神の国は近づいた。悔い改めよ」と。

このヨハネの言葉は、瞬く間にユダヤ中に広がり、人々の心を激しく揺さぶった。人々は先を争い、ヨハネの教えを聞くために、ユダヤ中から彼のもとに集まってきたという。そうした人々に対し、ヨハネは誰もが罪を悔い、心を改めなければ救いは来ないと説いた。さらにヨハネは、悔い改めた人々に対しその罪を贖《あがな》うために、ヨルダン川で洗礼を授けた。その噂もたちまち広まった。

「そして、ヨハネこそが救世主ではないか」

と人々は口々に噂し合うようになった。これに対しヨハネは、人々に次のように反論した。

「新たな救世主はもうじきやってくる。その方は私よりずっと優れた方で、あなたたちに本当の洗礼を授けるだろう」

そうした彼の預言のなかに登場してくるのが、イエスである。

イエスとヨハネは縁戚関係にある。福音書にある母マリヤとエリザベトが、親戚関係にあるというのがその根拠で、年齢はイエスの誕生がヨハネより六ヶ月後だというから、ヨハネの方が早生まれで、ほぼ同年ということになる。いずれにしろ顔見知りで、知らない相手ではなかった。しかも二人はともにエルサレムの権力機構から外れた地方の一角から立ち上がり、一匹狼的な立場から世直しを呼号し、神の国を人々に説いた。その姿に接すると、二人には同志的な結びつきが相当強かったのではないかと思われる。

「相当強かったのではないか」

という表現を、わざわざ私が遣っているのは、私はこの二人の間には、余人には容易に察知できない二人だけの特別の時代認識があり、そのなかで生きなければならない二人の苦しい胸の内があると思われ、そのことを何とか表現したいからである。ならばその二人の苦しい胸の内とはいったい何だったのか。それを端的な言葉でわかりやすく言うと、二人は他人には見られない異常と思えるほどの厳しさを自己に課していたことである。そしてそれは単に厳しかっただけではなく、常に己の身を犠牲にする覚悟の下に、彼らの言動は支えられていた。さらに言えば、彼らはいつでも死ぬ覚悟だった。死を覚悟したうえで、彼らはものを言い、預言者として立ったのである。そしてそのきわどい立場を知っていたのは、ヨハネとイエスの二人だけであり、他の多くの弟子たちは何も知らなかった。

「ユダを除いては」

この視点に立つと、初めてヨハネとイエスの特別の関係が、我々の視野にはっきりと入ってくる。

たとえばイエスを迎えるヨハネの態度について、人はそこにある種の違和感を感じないだろうか。通常とは際だって違うのである。もちろん様々な憶測は可能だが、しかしそれにしてもヨハネのイエスに対する態度は、あまりに特別であり、ある意味異常であり、好意に満ち満ちている。私にはそう思われてならない。今一度、その場面を再現してみよう。歴史的にも、宗教的にもこの場面は、大きな分岐点の一つであるからだ。私にはヨハネのイエスに対する態度は常軌を逸しているように思われる。その根拠について述べる。

洗礼者ヨハネの活動

マルコ福音書には次のようにある。マルコ福音書を最初に出すのは、以前にも触れたと思うが、マルコ福音書が福音書中最初に書かれたものとされているからである。それをもとにその全貌を明らかにしたい。

マルコ福音書の冒頭は、次のように始まっている。

「預言者イザヤの書には、次のように書かれている。

『見よ、私はお前の面前に私の使者を遣わす。彼はお前の道を整えるだろう。

荒野で呼ばわる者の声がする。主の道を備えよ。主の小径を直くせよ』

このメッセージは古代ユダヤの預言者エリヤから発し、滔々と旧約聖書のなかを流れてイザヤ書のなかに浮かび上がったものである。この教えのように洗礼者ヨハネが荒野に現れ、罪の赦しとなる洗礼を宣べ伝えていた。そしてユダヤの全地方とエルサレムの全住民とが彼のもとに出てきて、自らの罪を告白し、ヨルダン川で彼から洗礼を受けていた。彼はラクダの毛ごろもを着、腰には皮の帯を締め、イナゴと野蜜とを食べていた。

彼は言った。

『私よりも強い者が、私のあとから来る。私はその者の皮ぞうりの紐をかがんで解く値打ちすらもない。私はお前たちに水で洗礼を施した。しかし、彼こそは、お前たちに聖霊によって洗礼を施すだろう』」と。


ヨハネはまさにイエスがその後継者として登場してくることを、このように堂々と公言し、かつ預言し、予告していたのである。

そして事実、イエスはその言葉を待っていたかのように、歴史の表舞台へと飛び出してくる。なぜだろう。その理由についてはあとで触れることにするが、その前に引き続きマルコ福音書を見てみたい。マルコ福音書には、ヨハネの言動と符節を合わせるかのように、イエスの登場が、「イエスの受洗」として記載されている。

「するとその頃、ガリラヤのナザレから、イエスがやって来て、ヨルダン川でヨハネから洗礼を受けた。そして、すぐ水から上がると、イエスは天が裂け霊が鳩のように彼のところへ降って来るのを見た。すると天から声がした。『お前は私の愛する子、お前は私の意にかなった子』」

さらに引用を続ける。マルコ福音書では、それは「荒野の試み」となって記載されている。

「すると、霊がすぐに彼を荒野に送り出す。そこで彼は、サタンの試みを受けながら、四十日間荒野にいた。しかし、彼は野獣たちとともにおり、お使いたちが彼に仕えていた」

預言者として立つ覚悟を固めるには、ここに記載されているようにイエスにも最低これくらいの期間が必要だったのだろう。

そして「ガリラヤ伝道開始」となる。その部分、

「さてヨハネが獄に引き渡された後、イエスはガリラヤにやって来て、神の福音を宣べ伝えながら言った。

『時は満ちた。そして神の王国は近づいた。回心せよ、そして福音のなかで信ぜよ』」

そしてマルコ福音書は、「初めての弟子獲得へ」と進んでいく。ここまでの流れは、事態を正確に捉えていて、小気味よく、遅滞もない。そしてあとに続く各福音書も、ほぼこのマルコ福音書の骨格を踏襲している。もちろんマルコ福音書そのままではない。それぞれの福音書に、マタイ、ルカ、ヨハネと名が記してあるように、それぞれの福音書にはそれぞれの作者の意図があり特徴があり、後続者の権利として、多かれ少なかれ解説脚色の類を加えている。しかし重要なことは、それらの解説脚色にもかかわらず、マルコ福音書の骨格は揺るがないことである。そのことを確認したうえで、洗礼者ヨハネからイエスへと受け継がれていく「神の国」運動の全貌をここで確認しておきたい。

一番重要なことは、マルコ福音書冒頭に掲げられている預言者イザヤの言葉である。

煩雑になるかもしれないが、今一度再録し、ここから展開するヨハネとイエスの独自の行動が、どのような歴史的背景のもとに敢行されたかを探ってみたい。その原点、その出発点となった文章は次のように展開している。

「見よ、私はお前の面前に私の使者を遣わす。彼はお前の道を整えるであろう。荒野で呼ばわる者の声がする。

『お前たち、主の道を整えよ。主の小径を直くせよ』」

この言葉は多くの預言者が、自分の身を守るため、あるいは自己の正当性をアピールするために使用する言葉でもある。しかしヨハネとイエスの場合、けっしてそれだけではないことに留意しておく必要がある。なぜならヨハネとイエスは、預言者イザヤにおける預言者の運命を、それぞれ己の運命として生きることを、最初から覚悟しているからである。それはとりもなおさず二つの明敏な魂が、ヘロデ大王亡き後の混迷するパレスチナの世に臨んで、自分たちの進むべき道をすでに発見していたことを意味する。先にも触れたが、福音書によれば、ヨハネの誕生はイエス誕生の六ヶ月前とされており、ヨハネの母エリザベトとイエスの母マリヤは親戚同士とされている。

イエスの母マリヤは大天使ガブリエルの告知を受け、わざわざその知らせを届けるためにエリザベトのもとを訪れている。そうであればヨハネの家は、ナザレからさして遠いところにあったとは思われない。そして母親同士がこのような関係にあれば、ヨハネとイエスは当然のことながら幼い頃からの顔見知りであったはずである。それどころか並外れて明敏であったこの二人は、異なった弦がそれぞれ共鳴しあうかのように、悪化の一途を辿るユダヤとそれを取り巻く世界情勢を、確かな目でともに把握しようと努めていただろうし、さらにはそれぞれの心の鏡に映し出される世界を見つつ、同時にその出口を懸命に探していたはずである。

そうした血のにじむような努力の果てに、彼らがやっとのこと探し出したのが、イザヤ書による世界の救出策だった。その核心は、自己犠牲による世直しでありその革新だった。それではいったいそれは、どのようなものであったのだろう。

イザヤ書は、ヨハネとイエスの時代より七百年も前の預言書である。その一番の特徴は問題の解決を、けっして政治に求めることをしなかった点にある。宗教書である聖書が、その問題解決を政治に求めないのは、ある意味当然ではあるが、しかし実際のところはそうではなかった。今も昔もそうだが、現実問題を現実に処理し解決しようとすると、どうしても政治的力が必要となり、その前では宗教の力は多くの場合無力になってしまう。イザヤ書はその現実を直視し、その先に宗教の優越性を確保しつつ、なおその先に希望のともしびを掲げようとした。そしてヨハネとイエスは早くからこの独自性に気づいていた。どちらが早く気づいたかはわからないが、いち早く行動に打って出たのがヨハネである。ヨハネは貧しい地方祭司の老夫婦の一人っ子として生まれ、しかも一人息子だった。それゆえ溺愛され、大切に養育されたことは間違いないが、彼はそのすべてを投げ捨てて、早くから荒野へと赴き、神の召命をひたすら待った。

この人生態度は、ある意味で異様である。なぜなら神の召命は、人間の方から望むようなものではなく、あくまで神の方から一方的に下されるものだったからである。それをあえて無視するような形で荒野に飛び出し、ひたすら神の召命を待とうとしたヨハネの心境には、おそらく想像を絶する悲痛な思いがあったことが想像される。ヨハネとすれば、居ても立ってもおられなかったのだろう。彼の認識では、父の跡を継ぎ地方の貧しい祭司として生きたとしても、何も得るものはなかった。それだけは彼にもはっきりわかっていたはずだ。しかもそれだけではなかった。むしろ問題の核心は、不穏の度を強める終末の世が、彼の前で一向に変化の兆しを見せないことだった。このままではどうしようもない。このままではいけない。そうした世相のなかで、彼の心に警告のランプが、あかあかと点滅し始めたのはやはりやむを得ないと思われる。そのように考えれば、神の召命は、そのようなかたちでヨハネに下り始めていたのかもしれないし、そのように思いたい。

「自分は善良だけを頼りに、父親のように生きてはならない。父は善良だったが何もなし得なかった。もし自分が現状に甘んじ、父のように生きれば、私は神も己も失ってしまう」

おそらくヨハネは、そのように自覚し、そのような危機感をバネに一切を投げ捨てて、荒野へ向かったと思われる。その時期がいつだったか、福音書に詳しい記述はないが、ヨハネの姿が世に現れたとき、すでに彼は、

「ラクダの毛ごろもを着、腰には革の帯を締め、その糧はイナゴと野蜜であった」という。この表現からわかることの一つは、荒野でのヨハネの生活が相当長期間に及んでいたことである。そのことは、イエスが己の決意を固めるために荒野へ四十日間退いたなどという福音書作者のいい加減な記述とは大きく違っている。

イエスがそうでなかったとは言わないが、ヨハネという人はきわめて潔癖で厳格であり、何よりも虚飾を嫌う人だった。しかもその言動たるや、尋常なものではなく、実に激しかった。

たとえばマタイ福音書、洗礼者ヨハネの活動という章に、次のような箇所がある。

それは彼の噂を聞きつけ、ユダヤ全土から己の罪を悔い、ヨルダン川で彼の洗礼を受けようとして集まって来た人々に対してのものだった。

「彼は、ファリサイ派とサドカイ派の者たちの多くが彼の施す洗礼にやって来るのを見て、彼らに言った。

『まむしの裔《すえ》め、やがて来るべき怒りから逃れるようにと、誰がお前たちに入れ知恵したのか。ならば回心にふさわしい実を結べ。そして、俺たちの父祖はアブラハムだなどと心のなかでうそぶこうとするな。なぜなら、私はお前たちに言う。神はこれらの石ころからでも、アブラハムの子を起こすこともできるのだ。すでに斧が木々の根元に置かれている。だから、実を結ばぬ木はことごとく切り倒され、火のなかに投げ込まれるのだ』」

マタイ福音書では、その対象をファリサイ派とサドカイ派としている。しかしルカ福音書ではそうした限定はない。しかしいずれにしろ、この言動によってヨハネという人物が、自分だけでなく他人に対しても、どれほど厳しかったかがわかる。洗礼を施しつつ、こうした厳しい言葉を口にすることができるのは、彼が並々ならぬ苦行を長年の間にわたって敢行し、そのうえでさらに厳しく自分を律していた証拠でもある。それでいてなお、彼はけっして自分に権威を認めようとしなかった。次の箇所をよく読んでいただきたい。マルコ、マタイ、ルカにも同様の趣旨のものがあるが、ヨハネ福音書がもっとも詳しいのでそれを採録する。

「ユダヤ人たちがエルサレムから祭司とレビ人を彼のもとに遣わして、
『お前は誰だ』
とたずねさせた時、彼は公言して否まず、
『私はキリストではない』
と公言した。そこで、
『どういうことだ』
と尋ねると、彼は言う、

『私は違う』

『お前はあの預言者か』

すると、

『いや』

と答えた。そこで彼に言った。

『お前は誰だ。我々を派遣した人たちに答えをもって行かせてくれ。お前は、お前自身について何と言うのか』

彼は言った。

『私は預言者イザヤが言ったように、お前たちに、主の道をまっすぐにせよと、荒野で呼ばわる者の声である』

彼らはファリサイ派の人々から遣わされていた。彼に尋ねて、彼らは彼に言った、

『それでは、お前がキリストでもエリヤでもあの預言者でもないのなら、なぜ洗礼を授けているのか』

ヨハネは次のように言って彼らに答えた、

『私は水で洗礼を授けているが、あなたがたの間にあなたがたのわからない方が立っておられる。その人は私のあとから来る方で、この私はその者の片方の革ぞうりの紐を解く資格すらない』」

これが敵とされていた使いの者たちとの、ヨハネのやりとりである。正直もう少し簡明にならないかと思うのだが、原文がこうだから仕方がない。言わんとするところは、自分は預言者ではなく、イザヤの言葉を伝えているだけであり、私の洗礼は水による簡単なものだ。しかし私のあとから来る人は、そうではないぞ。つまり最後の部分は半ば脅しである。そして福音書では、この部分をヨハネによるイエスの偉大さの証明とし、あるいはイエスの露払い的要素をもたせようとしている。つまりこうした場面を通じて、ヨハネはイエスへの道を拓き、彼らの「神の国」運動のバトンタッチを揺るぎないものにしていると……。

それゆえこの部分のヨハネの対応ぶりを、敵を欺くための方便と解釈する向きもある。もちろんそう解釈することも可能だろう。しかし私はそうした解釈はとらない。私はここにおけるヨハネのコメントは、敵を欺くようなものではなく、彼の真っ正直な思いから出た言葉だったと思う。それはヨハネという男の生き方を見ればわかる。長年荒野に生き、一人孤独に耐え、神の言葉だけを頼りに生きた男が、今さらこの世の些末な出来事に心労を費やすはずはないのである。

彼が預言者でないと言うなら、我々はそういう彼を信じなくてはならない。彼もイエスもそうだが、彼らは一切の駆け引きを嫌い、損得を嫌った。彼らはそんな次元に生きる人間ではなかった。むしろそうした世界を嫌悪し、忌避し、そしてその結果、そのような意味での人生を最初から切り捨てた人間だった。その意味で、二人は人生のかけがえのない同志だったと言っていい。そう言える。二人は己を捨てることを第一とし、けっして利己主義に走らないことを肝に銘じていた。それが彼らのすべてであり、すべての出発点だった。そうであるなら、どうして今さら敵の手下に対して些末な駆け引きなどするだろうか。そんな必要はまったくなかった。

二人には、もっと偉大でもっと大きな未来への輝ける野望があったからだ。もし野望という言葉が不適切なら、こう言い換えることも可能だろう。つまり彼らには我々凡人にはない、もっと壮大な未来への絶対的な希望が、そう……より大きな展望があったのだと。そう言い換えてもまったくかまわない。そのための自己犠牲であり、そのための人生だと彼らは考えていた。そのために彼らは自らの命を「神の子羊」として捧げることを覚悟していたのである。その経緯をこれから福音書のなかに辿ってみたい。

まずヨハネである。ヨハネは預言者イザヤを盾に世直しとも言うべき「神の国」運動を始めた。その骨子は、回心を条件に人々に洗礼を施すことであった。主な活動拠点はヨルダン川周辺で、けっしてエルサレムには近づこうとはしなかった。ユダヤ教にとっては、エルサレム神殿がその中心であり、そのすべてであることを思えば、ヨハネの行為は最初から異様でありかつ大胆不敵だった。なぜなら、簡単に洗礼と言うが、それは悔い改めを条件に罪を赦すということであり、そのことをわかりやすく言えば、その本質は神の在位する神殿をそのまま体制側から個人の手へ取り戻してしまうということだったからだ。そしてそれは、エルサレムの形骸化したユダヤ的宗教儀式への反感であり、またそれへの挑戦であり、否定であり、そして同時にそれこそがイザヤ預言書におけるその中核的思想だったからだ。つまりそれはエルサレム神殿を中心とするサドカイ派の権威と機能を丸ごと奪ってしまうことに他ならなかったのである。

ただ彼の賢さと人柄……、それを異能と言ってもよいかもしれないが、彼は洗礼に対する報酬を一切受け取らなかった。この態度は神殿税や礼拝に伴う献金を義務とし、それを遂行できない人々を罪人扱いしていた当時のユダヤ社会においては、異例のことであり、まったく新しい動きだった。福音書のなかで、こうしたヨハネやイエスに対して、多くの人々が、

「いったい彼らは何者なのか」

という疑問をもち、驚きを抱いたのも当然だろう。もちろん手軽で無料だったことが、すべてだったとは言わないが、こうしたヨハネの行動は、ただちにユダヤ全土に広まった。それも当然だったろう。そして人々がユダヤ全土から、続々とヨルダン川周辺へと集まってきたのである。こうした事態に、体制側がのうのうとしていられるわけがなかった。彼らが警戒感を強めたのはいうまでもない。特にヨルダン川周辺の領主だった

ヘロデ・アンティパスは、元来小心者だっただけに、安閑とはしておられなかっただろう。彼は人々から狐のヘロデとあだ名されるほど険悪な性格だった。しかもそれだけではない。運が悪いことに彼はユダヤ教では御法度とされている兄弟婚まがいの罪を犯していた。

これは領主としての彼にとっては大きなハンディキャップだった。身から出た錆だから仕方がないが、彼はこうした事態を何とか払拭したいと考えていた。そこで耳にしたのが、常日頃からヨハネが、自分の行動を非難しているという噂だった。彼はこれを千載一遇の好機として捉えた。彼はそのことを理由に、ヨハネを逮捕し、事態を一気に解決しようとした。そしてその罠にヨハネがかかった。ヘロデ・アンティパスとすれば望外の幸せ、それこそ思う壺だったろう。禍転じて福となすとは、このことではなかったか。巷間ではそのように伝えられ、福音書もそのように扱い、オスカー・ワイルドの作品「サロメ」では、間違いなくその方向で話は見事に完結されている。

しかし、真相は果たしてそうだったのだろうか。私はそうは思っていない。むしろ罠にかかったのはヨハネではなく、ヘロデ・アンティパスであり、福音書の作者たちであり、それを鵜呑みにし得々と作品化して名をなしたオスカー・ワイルドの方だった。

その理由について以下述べていきたい。それはヨハネの行動に如実に表れている。私は先に、ヨハネがその活動拠点をヨルダン川周辺において、けっしてエルサレムに近づかなかった点を指摘した。これはヨルダン川で洗礼を人々に施すとともに、その権力の中枢にはけっして近づくまいとした彼の政治的行動なのである。ここで私があえて政治的行動という表現を遣っているのは、彼が自分の主張する「神の国」運動がやがて大きくなるにつれて、政治的権力闘争へと発展し、お決まりのコースを辿って暴動化し、その結果、はかりしれない多くの人々が、その悲劇に巻き込まれてしまうことを極度に怖れていたからである。その意味では、彼は真の大人だった。どんなに自分の考えが正しくとも、それを理由に多くの人々を悲劇に巻き込んではならない。そう固く肝に銘じていたからである。そしてそれだけは何としても避けなくてはならないと彼は強く思っていた。

なぜならそれが、ヨハネの自己を律する至上命題だったからである。それゆえ、彼は人々が彼を慕って集まり、次第にその数を増すたびに、不機嫌になり、不安になっていった。徒党を組もうとする人々を叱り飛ばし、それとは逆の方向へと彼は動き出す。彼には事態の進展が、彼の警戒する危険水域へと次第に傾いていくのが、手に取るようにわかっていたからだ。彼はそれを見届けると、集まってくる人々に、次のように宣言して、自分自身にとどめを刺してしまう。

「私よりも強い者が、私のあとから来る。私はその者の革ぞうりの紐をかがんで解く値打ちすらもない。私はお前たちに水で洗礼を施した。しかし彼こそは、お前たちに聖霊によって洗礼を施すだろう」

宣教者が自らこのように宣言してしまうことは、今風に言えばヨハネ集団の解散宣言に等しい。そしてそれは、見事なイエスへのバトンタッチともなっていった。さらに私がヨハネに感心するのは、その後の彼の身の振り方である。彼は自分なりに一応の決着をつけた後も、なおそのことが心配だったのだろう。彼は自分の存在が、人々の禍のもとになることを恐れた。しかも彼にすれば、事態がそのような方向へ動きつつあり、そのようになってからでは遅いのだった。もしそんなことになれば、彼の生涯を懸けた苦労もすべてが水泡に帰してしまう。その根を断つには、自らの手で自らを処置してしまうことが必要だった。ヨハネに言わせれば、つまり、

「時は満ちた」

のである。その地点に立てば、彼はもはや自分が必要ではないこともわかっていた。そうであるなら、彼の痩せ首一つを欲しがっていた狐のヘロデに、首をくれてやるのも一興ではないか。ヨハネが一興と考えたかどうかは別にして、ヨハネはそれに近いかたちで我が身をヘロデに差し出して、一切の騒動を起こさずに、自己の集団を見事に解散させてしまうのである。そしてこの鮮やかな行動はそのままそっくり、まるで鏡に映し出された映像であるかのように、その後のイエスの行動のなかへと引き継がれていった。

歴史に、もしもは許されないが、歴史の当事者でない我々が、もしもという様々な仮

定条件を設定し、そのうえで歴史のあれこれを考えることは自由である。そしてそれこそが人間の英知であり、歴史の真相に迫る推理の楽しみでもある。それによる弊害は、提示された歴史をそのまま鵜呑みにするよりは、遥かに有益である。鵜呑みでは味も素っ気もなく、健康にも悪いはずである。鵜呑みは、鵜にこそ有効であるが、我々人間には有効ではない。

そうしたことを前提に、論をさらに進めていきたい。福音書はいうまでもなく、聖書中の聖書と言われるほど、大切な書物である。特にイエスに関する限り、その権威は絶大なものである。しかし所詮、それは人間が書いたものでもある。けっして神が書いたものではない。その証拠にと言っては何だが、それぞれの福音書には、わざわざマルコ、マタイ、ルカ、ヨハネという人間名が記されている。そのことでも明瞭であろう。福音書の魅力の一つは、矛盾をそのまま放置しながら、思うところを力強く記述していることである。そのことを念頭にさらに論を進めたい。

第四章

二人の死

ここで、ヨハネとイエスの死について考えてみたい。福音書を読む限り、ヨハネの死にしろ、イエスの死にしろ、その死を彼らが回避する方法はいくらでもあった。しかし、彼らはそうした道を選ばず、死を選んだ。そして彼らはその行為によって間違いなく歴史にその名を残すことになった。そう言える。

その線上で、まずヨハネについての卑近な例から始めたい。巷間、ヨハネの逮捕は、ヨハネがヘロデ・アンティパスの不倫をユダヤ教の教えに背くものだと言って、強く非難し彼を攻撃したことにあるとされている。おそらくそのとおりだろう。ヘロデ・アンティパスはヘロデ大王の子であり、アンティパスの妻となったヘロディアはヘロデ大王の孫であり、アンティパスの異母兄弟フィリポスの妻であった。二人は子供の頃からの知り合いで、叔父と姪の関係にあった。であれば、その関係の是非を、信者たちから問われればヨハネとて、

「それはよくない」

と答えるしかなかったはずだ。まさか謹厳実直なヨハネが、

「問題なし」

と答えるわけにはいかなかったろう。それなら領主アンティパスの結婚生活が、当時

のユダヤ社会のなかで第一級の政治的スキャンダルになるかと言えば、それはなかなかあり得ない話なのである。もちろんそのことを口実にしようとすれば、できないことはない。いくらでもできる。なぜなら政治的スキャンダルというのは、もともとそのようなものだからである。しかしそうだからといって、この問題をヨハネ逮捕の主原因として断定し、疑おうともせず、福音書の記述どおり鵜呑みにし真に受けるのは、実際のところ馬鹿げている。

たしかに表面上はそうなっている。しかしそれはあくまで表面上の政治的駆け引きにすぎない。考えてみるがよい。当時の社会では、ローマ皇帝をはじめその大小を問わずいかなる領主も、財政が許す限りそれなりの後宮をもっていた。それは後継者対策的用途とともに、それらが彼らの勢力拡大にある意味不可欠の手段だったからだ。つまりそれは一種の政治的対策でもあった。そうした当時の状況を無視して、現在の一夫一妻制の倫理や、ユダヤ、キリスト教の倫理観で物事を自分たちの都合のよい方へ、勝手に判断してはならないのである。もちろん福音書は人類史上希有な書物であり、聖なる書にふさわしい内容も道徳的価値観も保持している。

しかしそれは、あくまでキリスト教の教義を広めるためのものでもあった。それゆえ当然のことながら、自分たちの立場で、自分たちの倫理観で物事を理解し解釈し、そして記述する。その意味で言えば、避けがたい弱点も兼ね備えていることも確かで、そのことも我々はしっかり念頭に置いておかなければならない。だから福音書編集者たちが、ヘロデ・アンティパスによるヨハネ逮捕と、その後のヨハネの運命をあのように収録するのも私には理解できる。しかし当時の実社会に重ね合わせて考えてみると、それらの記述が、ひどく歪んだものであることもわかるのである。それでは当時の実社会の実態はどうだったのか、そのことをここで考察してみたい。

つまり、当時の上流階級の結婚観とその倫理観についてである。私は先に当時の支配階級においては、政治的対策およびその後継者対策として、権力者たちがそれぞれの後宮をもっていたことに触れた。それはそれなりに必要だったのだと。

もちろん肉体的理由で、そうした対策に熱心でなかった者もいる。当時の社会で言えば、歴史的に言っても超一級の大人物であった初代皇帝オクタビアヌスがそうである。彼は数人の愛人と適当にその逢瀬を楽しんだだけで、深入りはせず女性たちに憎まれることもなく自分の能力を遺憾なく発揮した希有な人物でもある。体力的にけっして強健ではなかったが、彼はあの気むずかしい元老院を相手に辛抱強く対話を重ね、シーザーですらなし得なかった皇帝の地位とその後の長期政権を見事に樹立している。そして彼はあの史上絶世の美女とされているクレオパトラの色香も問題にしなかったし、その一方で彼女の手練手管もそよ吹く風とやりすごしている。しかもこの人物のすごさは、元老院ではタブーとされ、けっして許されていなかった皇帝の座を、元老院の方からわざわざ差し出させていることである。

そのうえ、彼の油断のなさは、その皇帝の座すら喜んで受けていないことである。ポーズとは言え、彼は嫌々仕方なくその座を受け取るという方法を採っている。彼にすれば権力の座も女性と同様煩わしいものの一つだったのかもしれない。もし、オクタビアヌスなかりせば、あの超大国ローマの存続すら危なかったはずだ。なぜなら彼こそが、大ローマ帝国の礎《いしずえ》を築いた人物だったからである。彼はシーザーでもなし得なかった皇帝制の導入を、自らの力でなし得た。そしてこの皇帝制は、ローマの政治制度の基盤として何百年にもわたり、その後のローマ帝国の礎を支えた。しかしやはり彼はある意味で例外だった。他の領主はそうはいかなかった。

その実例を倫理に厳しいとされたユダヤ社会に見てみよう。ユダヤ史のなかで、もっとも華やかな時代、それは間違いなくダビデ、ソロモンの時代である。それは誰でも知っている。

まずそのダビデであるが、彼はベツレヘムの羊飼いエッサイの息子である。ほとんど無名に近かった。しかし音楽の才能を買われてサウルの王宮に召され、やがて戦士として頭角を現し波瀾万丈の末、周辺の諸民族を従え、ダビデ王朝ともいえるイスラエル統一国家の成立に初めて成功する。彼は数々の武勲とともに、殺人も犯せば姦淫もしている。有名なのは、部下の妻であったバテシバの入浴姿を目撃したことで情欲を催し、その夫である武将を危険な戦場へと派遣し戦死させ、その妻バテシバを手に入れたことでも知られている。そして生まれたのがソロモンである。たしかにダビデは溢れるような才能に恵まれていたが、その本質は野生児そのもので、その波瀾万丈の人生を覗くと、そのなかには目的のためには手段を選ばない激しい手法もあって、とてものこと彼が伝統的なユダヤ教を奉じていたとは思われない。彼には性的タブーなどかけらもなかった。悩む能力すらなかった。まさに野生児そのもので、本来野生児とはそのようなものであろう。

その子ソロモンにいたっては、誰もが知っているように、その後宮は豪華を極めた。知恵のソロモンと言われ、聖書に名高いこの男は、知識人や文化人を厚遇する一方で、諸外国との平和外交を促進するため、あらゆる民族から妻を迎え、その後宮に入れた。婚姻関係は彼にすれば一種の外交だったのである。この手法は明らかにユダヤの律法に反している。そのことをソロモンがどこまで意識していたかは定かではないが、彼はその一方で、巨万の富を利用し、エルサレム神殿を建立し、エルサレムを「神の都」としている。この点では、ソロモンはイスラエル最大の功労者と言えるかもしれない。思うに多くの場合、権力者はユダヤ教の埒外にいたようである。皮肉な見方をすれば、もともと宗教とは存外、神の名において庶民を支配する手法だったかもしれず、神はそのための装置であり手段だったのかもしれない。現代でもその底流は、アメリカに限らず、広く世界各地に脈々と流れている。そのことは万国共通と言ってもいいのかもしれない。

しかしいずれにしろ、ダビデとソロモンの時代は、ヨハネとイエスの時代より何百年も前の話ではないか、そう言う人もいるだろう。事実そのとおりで、歴史をひもといてみれば、ダビデ、ソロモンの治世は紀元前一〇〇〇年から九二二年とされているから、やはりずいぶん昔の話である。

それならヨハネとイエスの時代はどうだったのか、その点をここで洗い出してみよう。話をわかりやすくするために、その直近例を拾えば、ヨハネを罠にはめたヘロデ・アンティパスの家系を見ることが一番手っ取り早いだろう。

ヘロデ・アンティパスの父は、あの有名なヘロデ大王である。己を大王と呼ばせて恥じなかったこの男は、同時にソロモンやアレキサンダー大王の向こうを張っても恥じなかった男でもある。その婚姻関係は、さすがにソロモンほど国際色豊かだったとは言えないが、それでも彼が女たちを自分の勢力拡大に、いわば外交関係の一環として利用したことは間違いない。そして彼がなした子供たちは何十人という数に及んでいる。彼はユダヤ人ではなかったが、ユダヤ教に改宗し、それでいて意識的にユダヤ教の埒外に自分を置くという能力も備えていた。その点でも彼はけっして並みの男ではなかった。ユダヤ教に改宗しながら、入れ墨をし、頭髪も金髪に染めていた。反対するユダヤ教祭司は、十人単位で殺害し、大祭司の地位すら自由自在に牛耳っている。その一方で、彼は統治のためにユダヤ教を徹底的に利用した。その最たるものが、エルサレム神殿の大拡張政策であった。彼はすべての上に君臨し、すべての神の上にも君臨していたものとも思われる。彼の傍若無人ぶりは、ローマ皇帝をもしのいでいたかもしれない。古代オリンピックを再興したのも彼なら、他にも彼はユダヤ史に残る大建造物群を続々と造営している。

その独創性と創造性は単なる才能の域を遥かに超え、手段を選ばないという点でもユダヤ史を圧倒している。ヘロデ・アンティパスは、そうした大王の数多くの子の一人である。彼らの階級のなかでは、ユダヤ教で言うところの不倫姦淫など、どこ吹く風どころか、遠い世界の話にすぎない。そうであったがゆえに、おそらくヘロデ・アンティパスの眼中には、不倫などという意識はまったくなかったのではないか。だからこそ彼は、あえて異母兄弟の妻となっていたヘロディアをわざわざ自分の妻として前妻を追いだしてまで迎えたのである。彼にすれば彼女を妻にしたかったから、妻にした。それだけのことだったのだ。彼の感覚からすれば、それだけのことで何の問題もなかった。彼らは庶民と違って、ある意味で性的自由の世界にいたから、自分の妻としては多少問題はあろうと、もともと顔見知りで馴染みのある女性なら、その女性をその伴侶に選びたがる傾向にもあったのである。それは、王族に限らず上流社会の常識でもあった。身近な相手であれば、その方がより安全で問題も少なく、話し相手としてもその方が都合がよかったからである。

ヘロデ・アンティパスも、そうした基準でヘロディアを選び、その縁を結んだものと思われる。当時、つまりそれは現在より二千年も前の時代であるが、当時の女性は、ある意味現在の女性より強かった。そうも言える。もちろん当時のユダヤ教社会では、女性は幼児を除けば、シナゴーグへ出入りすることすら自由でなかった。そうした差別はあったが、それでも女性たちは強かった。

私がそう言いたがるのは、現在の女性たちは、封建制社会を経て、現代社会へ入り、その地位を法的に守られていて、その上にあぐらを掻いている傾向もあるからである。しかし当時はそうではなかった。誤解を恐れずに言えば、男も女もそれなりの実力主義の時代だったのである。それなりという修飾語をつけるのは、どのような存在にも必ず付属物がつきまとうからである。早い話、国、社会、民族、言語、宗教、文化、地域、性別、家柄、家族などどれ一つをとっても、人間を取り巻く条件は無数にあり、しかもそれらは選べないものだった。つまりそれらは運命であり、それゆえの厳しさと不安感をそれぞれ内在していた。そうした条件下で、当時の女性たちは、果敢に自己主張して譲らなかった。自己主張しなければ、どうなるかわからなかったからである。

一代でヘロデ王朝を築きあげ、飛ぶ鳥を落とす権勢を誇り、ローマ帝国すら手玉に取っていたヘロデ大王ですら、その一番の悩みは、女たちだった。後継者問題が絡むと、すさまじい権力闘争が起こり、女たちは陰に陽に暗躍した。そのせいで彼は、死ぬまで女性たちに苦しめられていた。女たちは、彼のことを「獣《けだもの》」と呼んでいた。ヘロデ・アンティパスはそうした父ヘロデを見ていたから、父のような災難を避けたいと思うのも、ある意味当然だったし、賢明でもあった。そのために、彼はいわば安全牌として、多少の問題はあったがヘロディアを選んでいた。というのは、彼女には、数々の男遍歴があったからだが、それでも彼は身近なヘロディアをわざわざ自分の妻としたのである。しかし、その顛末はどうだったかというと、実に皮肉なもので、事実は彼の思いどおりにはならず、それとはまったく別の様相を呈している。悪趣味と思われるかもしれないが、この際その実態を覗いてみたい。

ヘロディアには連れ子がいた。年頃の娘で、多感な少女だった。名をサロメという。彼女は後世その妖艶な舞の褒美として、義父ヘロデ・アンティパスにヨハネの首を所望したことで有名になる娘だった。こうしたまことしやかな話は、大抵の場合作り話が多いが、この話の場合、これに近い逸話はあったかもしれない。しかしそうした逸話があろうとなかろうと本筋には関係ない。

関係ないついでに、ここでさらに脇道にそれてみたい。それはヘロデ・アンティパスがこのようにして迎えた女性ヘロディアについてである。ヘロデ・アンティパスについては「狐のヘロデ」と揶揄されるように用心深く気の弱い男として知られていた。統治能力はほとんどなく、標準、あるいはそれ以下だったと思われる。その根拠はイエスとヨハネが十二、三歳の頃経験した、あの北ガリラヤで起きたエゼキアの子ユダの反乱、セフォリスの悲劇として歴史に残るまさにその当事者であったことで知れる。当時ヘロデ・アンティパスはまだ若かった。父ヘロデ大王から他の兄弟とともに、ガリラヤ、ペレアの統治を受け継いだばかりだった。

その機を狙って、ユダヤ各地では、政治的あるいは宗教的反乱が数多く勃発した。その最大のものが、北ガリラヤで起きたユダの反乱である。その点は割り引いてやらなければならないが、しかし結局のところ彼は幸運にも、ローマ軍の圧倒的な支援で何とかその反乱を鎮めることができた。しかしその後の彼は、怯えた君主よろしく何もできなかった。セフォリスの再興もできず、ただローマの力を頼りに、後年やっとガリラヤ湖の西岸に、ローマ皇帝の名を冠した小さなティベリアスの街を設けただけである。

男勝りとまでは言わないが、その彼の妻となったヘロディアは、複数の男を渡り歩いてきた女でもあった。しかも彼女には連れ子があったが、そんなことはまったく意に介せず堂々とアンティパスの妻に収まった女でもある。そうした点からしても、彼女が並みの女でないことははっきりしている。女の身ながら彼女は、夫アンティパスの政策にやかましく口出しをした。夫アンティパスの出世を願うというのが、彼女の口実だった。アンティパスも、そうした点を多少とも買ったのかもしれない。しかし彼には、彼女が期待したほどの政治的能力がなかった。彼と彼女が出世するには、何といっても彼らの後ろ盾であったローマの肩入れが必要だったのだが、ローマが肩入れするには、ローマの属国のユダヤの、しかも分割された一地方の領主にすぎなかったアンティパスでは、経歴も見栄えも実績も評価するには乏しすぎた。それどころか先にも触れたように、若いころ彼はセフォリスの大反乱で大失態を犯してしまっていた。ローマ側にすればそうした貸しがあるうえに、なお出世を望みたがるアンティパスの厚顔さに、正直なところ嫌気がさしていた。他に有能な男はいくらでもいたからである。

しかし女の気持ちは別のところにあった。男を渡り歩いてきたヘロディアは、ある意味で女としての政治の機微をよく知っていた。それは騒ぎ立てることである。黙っていては、政治的には何の意味もないからだ。そこで妻のヘロディアは、夫アンティパスの背後で騒ぎ立て、彼の背を押し、尻を叩き、弱気で無能な夫を焚きつけ続けた。こうなってしまうとアンティパスにとっても、妻のヘロディアは悩みの種以外の何ものでもない。しかし、もとはと言えば、アンティパスは自分の方から言い出し、先妻を追い出してまでヘロディアを妻に迎えたのだから、文句を言える筋合いでもなかった。現実の厳しさとは常にそういう側面をもつものかもしれない。

ヨハネに対する噂も、ヨハネ逮捕への段取りも、その後の処置も、すべてこの女ヘロディアを介してのものだった。というのも、アンティパス所領の真の実力者は、この女だったからである。後年アンティパスは、この女に「出世のなさ」を非難され、焚きつけられて、思いあまって彼女の忠告に従い、ともにローマに赴き、己の有能さを訴え出て、出世の取りなしを直訴した。しかしこれが逆に二人の命取りになってしまう。時代はすでに二人の上を通り過ぎていたのである。アンティパスの兄アルケラオスはとうの昔にローマによって失脚させられていたし、弟のフィリッポスも数年前にその領地をローマによって没収されていた。言ってみれば、すでに彼らの権力は風前のともしびだったのである。であれば、彼らの焦燥も恐れも、ある意味当然のことだったかもしれない。しかし現実の彼らは、そのまま幽閉されてしまい、そして人生を終えることになる。

しかしこれは後年のことで、今我々が問題にしようとしているヨハネ逮捕劇の経緯とは、直接の関係はない。ないが、それでもこの両者の間には奇妙な一致がある。それはヨハネ逮捕劇のメリットが、ヘロデ・アンティパス側にも、ヨハネ側にもそれぞれあったということである。もちろんアンティパス側のメリットは、福音書内に書かれていることでも明瞭であろう。その言い分は次のようなものである。

「……というのも、ヘロデ自身が、彼の兄弟のフィリッポスの妻ヘロディアのゆえに、人を遣わし、ヨハネを逮捕し、彼を獄に縛りつないだのであった。それは、ヘロデが彼女を娶ったからである。なぜなら、ヨハネはヘロデに繰り返し言ったためである、『お前が自分の兄弟の妻を娶るのは、許されることではない』
そこでヘロデは彼を恨み、彼を殺したいと思った……」
この記述を見る限り、ヘロデが自分の不倫の非を弾劾するヨハネの口を封じてしまいたいと思ったことは明瞭で、その動機も間違いない。しかしヨハネ逮捕劇のメリットが、逮捕される当のヨハネ側にもあったとすることは、おそらく読者には何とも解せないことで、そんな問題提起は青天の霹靂であろう。現に福音書のどれにも前述のように書かれており、しかもこうした下世話な動機による歴史上の事件は、枚挙にいとまがないからだ。しかし実はそうではないのである。その実相は次のようなものだと、私は考えている。それは当時のヨハネの言動をつぶさに検討すれば、そこに恐るべき実態が隠されていることがわかる。そしてそれらのことを勘案すれば、ことの真相はヨハネ自身がヨハネ逮捕劇を演じ、自らその幕引きを計ったことが明瞭になってくる。なぜなら、ここまで私が再三にわたって繰り返し指摘してきたように、ヨハネがその人生でもっとも恐れていたのは、彼の教えに賛同し、賛同した人々が一大勢力となって、反乱を起こしてしまうことでもあったからである。
しかもそうした反乱は大小を問わなければ当時常時起き続けていた。そしてもしそんなことになったら、それこそ彼が少年時代に遭遇したあの凄惨悲惨なセフォリスの二の舞になってしまうからである。そうなったらそれこそ彼の今までの苦労のすべてが水泡に帰してしまう。ヨハネはそのことを望んでいなかった。彼が意図したのは、権力者から宗教を個人の心に取り戻すことであり、それゆえ彼は、エルサレムに近づかず、政治勢力とは常に一線を画し、ヨルダン川河畔で一人一人の心に火を点すべく、洗礼を施し続けていたのである。

ヨルダン川河畔は水こそ流れていたが、街は一つもない。小さな村が点在するばかりである。そこは蚊が多く蔓延し、猖獗《しょうけつ》の地とされ、古来から宗教的にも政治的にもほとんど無視され続け、問題とされない土地であった。その地は、遥か昔、あのダビデ、ソロモンの時代から、いかなる権力者の進入も許さなかった。それほど恐るべき場所だったのである。言葉を換えて言えば、そこは街道こそ通っていたが、谷は狭くジャングル化していて利用価値がまったくなかった。もちろん放牧にも農業にも適さなかった。オリーブも葡萄も麦もアーモンドも何一つできなかった。その地は、人々の手を拒み、何千年ものあいだ人々に開墾することすら許さなかった。その意味では、あの荒涼としたユダの荒地よりもなおひどかった。もちろんユダの荒地で作物を作ることは容易でなく難しかったが、しかしまったく不可能というわけではなかった。一部では葡萄やオリーブ栽培をしていたし、雨が降れば花も咲き、放牧に適する土地もあちこちに散在していたからである。

ヨハネはそうした未開のヨルダン河畔に身をおいて、人々に自分の教えを宣教していたのである。ヨハネの狙いは、常に政治権力とは距離を置き、そこに身を置くことだった。しかしこの構図は、時とともに崩れ出した。彼の評判が広まり、人々がユダヤ全土から集まり出したからである。彼は最初それらの人々を叱りつけ、洗礼を施すだけで追い返していた。

しかし、それにも限界があった。彼が恐れていた事態が、徐々に出現し始めたからである。それは彼の否定にもかかわらず、人々が彼を慕い、彼を預言者扱いし、彼を預言者呼ばわりして騒ぎ始めたからである。この事態を前に、ヨハネは自分なりの決断をしなければならなかった。その決断とは、彼が子供の頃に体験した、あのセフォリスの悲劇を二度と繰り返してはならないことだった。そのためには何をしなければならないか、ヨハネにはよくわかっていた。それはもし時が至れば、ヨハネは自ら自分の運命を自覚し、その幕引きを自ら計ることであった。

彼はそれを自覚しそれを断行した。それにはまず周辺の熱気を冷まし、その熱源となっている自分の地位を自らおとしめることだった。福音書にはその模様が、次のように記されている。聖書解釈上の大きな分水嶺ともなるものなので、そのことを繰り返したい。

「私はお前たちが思うような預言者でない。私は単なる洗礼者にすぎず、真の預言者、救世者、メシアは私のあとに来る。私はその人の前では、その人の革ぞうりの紐をかがんで解く値打ちすらない」

彼は洗礼を施すたびにそう言い続けた。言い続けるたびに、人々の熱気は薄れ始め、興ざめしていった。当然のことだった。その一方で、彼は自分のこうしたメッセージが、別の意味で彼の幼馴染みであり、同年であり、同世代であり、親戚関係でもあったイエスに届くことを期待していた。

それでは、そのヨハネの望んだメッセージとは、いったい何だったのか。それが次の問題になる。そしてそれはイエスの行動を見れば一目瞭然である。イエスはヨハネの発したメッセージの真の意味を正確無比に把握し理解し得た人類史上ただ一人の男だった。イエスはヨハネの言動を知るや、即座に反応し行動に移った。その意味で二人は、すでに何もかも理解しあっていたと思われる。

イエスが駆けつけると、ヨハネはイエスを、

「神の子羊」

と呼び、最大級の言葉を選んで、彼を迎えた。ヨハネにすればそれも当然だった。なぜなら彼の真意、その死への覚悟、そしてその幕引きの何もかもすべてが、イエスの出現によってヨハネには確信できたからである。そうであれば、ヨハネにはもはや他の言葉は何一つ必要なかった。

イエスはそうしたヨハネに自分の意を伝えるべく、洗礼を申し出る。驚いたのはヨハ

ネである。ヨハネは子供の頃から、イエスの誇り高き自尊心を知っていたからである。そのイエスがまさか自分の洗礼を受けようとは、思ってもいなかったからだ。明敏なイエスは即座にそのことを察知し、即座にこうヨハネに告げる。

「ぐずぐずするな、今はそうすべきだろう」

イエスにこう出られれば、ヨハネはそうするしかなかったはずだが、彼にすればイエスの言葉がどれほど嬉しかったかは、想像に難くない。なぜならイエスが、自ら自分の洗礼を受けてくれることは、イエスがとりもなおさず自分の行動の一切合切を引き受けてくれることを意味していたからだ。その覚悟もヨハネには十分すぎるほどわかった。しかもそれだけではなかった。イエスの見事さは、その直後の行動にも表れている。彼は何もかも理解していることを示すかのように、即座にヨハネのもとを離れている。ぐずぐずしていれば、ヨハネが一番恐れていた騒動に巻き込まれてしまう恐れがあったからだ。そうなってしまっては、すべてが台無しになってしまう。イエスのこうした行動は、ヨハネにとっては少なからず寂しかったろう。なぜなら、多少の言葉を交わしたいのは人情だったからだ。しかしイエスの言うように彼もまた、ぼやぼやしておられなかった。決断した以上、彼はしっかり自らの幕引きをする必要があったからである。

イエスにバトンタッチした以上、次に彼がなすべきことは、はっきりしていた。自分の身をできるだけ早く始末してしまうことである。明敏な彼にはそのこともわかっていた。それは彼自身が、彼自身の噂を逆利用することであった。彼の言葉はユダヤ全土に鳴り響いていたから、当然ヨルダン川周辺の支配者であったヘロデ・アンティパスのところにも、尾鰭がついて伝わっていたはずだ。彼らの不倫関係は、支配者仲間の間ではまったく問題にされなかったが、庶民の間では結構話題にされ問題にされ、その格好の揶揄の対象にもなっていたからである。庶民など無視すれば何でもなかったのだが、そうは言っても、やはり面白くなかったであろう。特に清廉潔白の人として名を上げてきたヨハネが、自分の領地内で、しかも全土から集まって来た人々に対して、自分の立場を非難するのは許せなかったろう。おそらくヘロデ・アンティパスの妻のヘロディアは、夫に次のように詰め寄ったはずである。

「ぼやぼやしてないでさ、ヨハネなどさっさと片づけておしまいよ。もしあんたが、このままぼやぼやしていたら、それこそあんた、あのセフォリスの二の舞よ。そうしたら何もかも台無しになってしまうじゃないの。わかってるの」

「わかっている。安心しろ、セフォリスの二の舞なんか、俺が二度とするか」

彼の言うように、セフォリスの二の舞だけは、けっしてあってはならなかった。その点では同床異夢ながら、ヨハネもヘロデ・アンティパスも、その妻ヘロディアも、そしてイエスも完全に一致していたのである。彼らにすれば、あのセフォリスのような出来事だけは絶対に起こしてはならなかった。ヨハネはその一点だけを睨み、凝視しつつ自らを規制し行動していた。

そしてとうとうその時が来たのである。福音書のなかには、ヨハネ逮捕の具体的描写はどこにもない。あるのは、マルコ、マタイ福音書で、ヨハネ、イエスの関係を例の有名な受洗を巡るやりとりの後、イエスは荒野に四十日こもることになるが、その後に、簡潔に触れているだけである。ガリラヤ伝道開始のところである。

マルコ福音書には、次のように記してある。

「さて、ヨハネが獄に引き渡された後、イエスはガリラヤにやって来て、神の福音を述べ伝えながら言った。

『定めの時は満ちた、そして神の王国は近づいた。回心せよ、そして福音のなかで信ぜよ』」

マタイ福音書では、その箇所はさらに簡潔である。

「さて、イエスはヨハネが獄に引き渡されたと聞いて、ガリラヤへ去って行った」

たった一行それだけである。言葉尻にこだわるようだが、福音書の記述では、

「ヨハネが獄に引き渡された……」

とあり、
ルカ福音書では、その事実をヨハネの行動の最後で次のように締めくくっている。

「他方、ヘロデは彼の兄弟の妻ヘロディアのことに関して、また彼が行ったすべての悪

しきことに関して、ヨハネに非難されたので、これまでのもろもろの悪事に加うるに、ヨハネを獄に閉じ込める挙に出たのである」

ヨハネ福音書では、ヨハネ逮捕の事実関係がさらに薄まってしまっていて、その事実には触れようとせず、ヨハネとイエスの力関係を、弟子たちの移動を通して語ろうとしている。つまりは、ヨハネ福音書では事の重大性がまったく理解できていないのである。

一般的にいわれていることだが、ヨハネ福音書はその冒頭で……。

「はじめに、ことばがあった」

と書き出しているように、その宗教的観念性には目を見張るものがあるが、歴史的リアリティーという点においては、まったく見るべきものがない。この部分もその部類である。

さてこのように各福音書を渡り歩いてみてわかることは、ヨハネ逮捕劇は何のトラブルも起こさず、実にスムーズに行われていることである。弟子たちに何の動揺もなく、人心にも何の影響もなかった。盟友であるはずのイエスですら、そのことについては一言の感想も残してはいない。いったいこれは何を物語っているのだろうか。福音書内で見る限り、ヨハネの出現は、当時の社会では一大センセーショナルとして描かれている。

マルコ福音書によれば、

「ユダヤの全地方とエルサレムの全住民とが彼のもとに出て行き、自らの罪を告白しながら、ヨルダン川で彼から洗礼を受けていた」

とある。多少の脚色はあったとしても、当時の混乱した社会のなかで「預言者、救世主、メシア」の出現を求める声は、間違いなく大きく強く、在野に満ち満ちていたはずであるし、ヘロデ大王亡き後、混迷するユダヤ社会はその出口を失い、閉塞したままその出口を懸命に探し求めていたからである。そしてそれは各地に暴動を引き起こしながら、すでに一世代が過ぎようとしていた。つまり庶民にとって世はすでに終末であり、神に救いを求める以外に道はなく、その代理としての預言者が強く求められていたのである。そうであるがゆえに、ヨハネはそうした庶民の声をバックに、

「時は満ちた、神の王国は近づいた。悔い改めよ、神の道を直くせよ」

と呼号し庶民に迫って、立ち上がったのである。彼とすれば社会的宗教的諸制度改革より、個人の心の改革によって、ユダヤ教を個人のレベルに引き寄せ、そうすることによって人々の不安や不満を一気に解消しようと考えたからだ。ところがその反響は、彼の予想を遥かに超えて拡大し、瞬く間にユダヤ全土に広まってしまった。そうなってはおしまいである。なぜならそれは彼の意図した心の改革どころか、巷に満ちていた暴動というお決まりのコースを走り出してしまうからである。そうなれば結局のところ、心の改革どころかそれとは逆に政治闘争と化し多大の悲劇を生んでしまうことになるからだ。ヨハネはそのことを誰よりも一番よく知っていた。怖れてもいた。当然のことであ

る。それゆえヨハネは、自らその沈静化に動かなければならなかった。

その第一弾が、これまで触れてきたように彼のにわかな自己否定である。彼は体制側の問いに対し、繰り返し自分が預言者でないことを明言し、その一方で、そうしたメッセージを発することでイエスを呼び寄せ、イエスへの宗教的バトンタッチを平和裏に完成することに成功する。つまり、ヨハネは自らの道を閉じることによって、イエスへの道を開いたのである。ヨハネはすべてを理解していた。そうでなければヨハネの逮捕は、あれほどスムーズには運ばなかっただろう。それはけっして力ずくのものではなく、それどころかすべてはヨハネの想定内で、「……引き渡された」のであり、彼の読みどおりに行われたと理解すべきだろう。いみじくも福音書内では、その様子を、

「ヨハネが獄に引き渡された」

とだけ簡潔に記述している。これについての解釈は人それぞれで、いろいろあるかもしれないが、私の嗅覚は、そこにヨハネ自身の自主的な行動を感じている。それゆえそこには当然予想されたであろうヨハネの弟子たちの抵抗は何もない。軋轢や動揺もなければ、何のトラブルも触れられていない。さらに重大なのは、それを知らされたであろうイエスにも何の動揺もなく、それどころか一言の感想もないのである。私はここにヨハネの偉大さを感じる。つまりことの顚末は、すべてヨハネの思惑のなかで進行したのである。

そうであればこそ、ヨハネのイエスに対する態度が他人のそれとは懸隔したものであったことが、ここで初めて理解できる。ヨハネ逮捕劇は、ヨハネにとっては何の悲劇でもなく、それどころかそれは彼の思惑のなかの一つの達成であり、成就であり、完成であった。私にはそう思われる。

そうしてこの時点で、事態の実相を真に理解していたのは、イエスだけだったろう。そのことはイエスの行動そのものが示している。一連のヨハネの言動に対し、ほとんど多言を要さず、ヨハネの意をくんで、そのまま正確無比に呼応したのは、イエスただ一人だけだったからだ。イエスはヨハネの前に姿を現し、自ら受洗することを申し出て、洗礼を受けるや、時を置かずヨハネ集団を離れ、荒野に身を避けて時をやり過ごし、ヨハネ逮捕後は、それに対する感想を一言も述べず、即座にガリラヤ伝道を始めている。そしてその後、つまりイエスは十字架上に消えるまで、時と場所こそ違え、その行動の骨子は、一貫してヨハネの行動そのものを踏襲してそのまま命を落とすことになる。それゆえこれから先の論旨は、ヨハネの行動を下敷きにして、イエスの行動を跡づけることになる。

その前に、ここで少々脇道にそれてみたい。それはヨハネを逮捕した相手方、つまり当時ガリラヤと、ペレアを支配していたヘロデ・アンティパスという男についてである。アンティパスは父ヘロデ大王から、その支配地を受領した三人兄弟のうちの一人で、通称「狐のヘロデ」と呼ばれ、猜疑心の強い小心で凡庸な男だった。そのことはこれまでにも度々触れてきた。

しかしこの男にも時代の風圧は容赦なかった。その一つがガリラヤとペレアを受領した直後に起こったセフォリスの反乱である。この反乱で領主アンティパスは、あわやすべてを失うところだった。セフォリスはハスモン朝以来ガリラヤの首都的存在であり、当時ここには王宮とローマの武器庫があり、ローマの東方進出の重要かつ一大拠点だった。そしてそのことが逆にヘロデ・アンティパスには幸いした。セフォリスは、一旦は反乱側に武器庫を襲われ占領されたが、その地点の重要性を強く認識していたローマが、たちどころに反撃してこれを取り戻してくれたからである。しかし、領主としての彼の面目が丸つぶれになったことはいうまでもない。三十五年間に及ぶ彼の領国支配の間、彼はほとんど何もできず、汲々として領国をやっと支配しただけだった。彼の用心深さ、狐と呼ばれた性格もこの時のトラウマから生じたものかもしれない。

しかしながら人生では、何が幸いするかわからない。というのも、無能で小心なこの男が、三人の兄弟のうち、もっとも長くその権力を保持し得たからである。つまり人生では、無能であることが幸いすることもあるのだ。この男がその好例かもしれない。しかもそれだけではなかった。この男はさらに突拍子もない幸運に恵まれることになる。それは人類史上類例を見ない傑出した二人の人物、ヨハネとイエスという類希な男たちの人生に、しかもその生死に、深く偶然にも彼の人生が交錯していたからである。

それゆえ、彼は二千年後の今日まで、その名を歴史に刻むことになった。

それではここで、この凡庸で小心な男の絶頂期における一コマを、福音書のなかで拾ってみることにしよう。

それはマルコ福音書の、洗礼者ヨハネの死の章に次のように記されている。引用する前半部の彼とはイエスのことであり、後半部の彼とはヨハネのことである。この逸話はヘロデ・アンティパスという男が、どういう男だったかをよく示していて興味深い。

「するとヘロデ王が、彼のことを耳にした。彼の名があらわになったからである。そこで、ある人々は言っていた、

『洗礼する者ヨハネが死人たちのなかから起こされて現れたのだ、だからこそこれらの力が彼のなかで働いているのだ』

ほかの者たちは『彼はエリヤだ』と言い、またほかの者たちは『かつての大予言者の一人のような預言者だ』と言っていた。

ヘロデはこれを聞いて何度も言った。

『わしが首を切り落としたあのヨハネ、あいつが起こされたのだ』

というのも、ヘロデ自身が、自分の兄弟フィリッポスの妻ヘロディアのゆえに、人を

遣わし、ヨハネを逮捕し、彼を獄に縛りつないだのであった。それは、ヘロデが彼女を娶ったからである。なぜなら、ヨハネはヘロデに繰り返し言ったためである、

『お前が自分の兄弟の妻を娶るのは、許されることではない』

そこでヘロディアは彼を恨み、彼を殺したいと思ったが、できなかった。なぜならヘロデの方が、ヨハネを義《ただ》しい聖なる人であると見なして彼を恐れ、彼を保護したからである。ヘロデは彼の言うことを聞いてどのようにしたらいいかまったくわからなくなりながらも、喜んでその言うことを聞いていた」

これらの記述で明らかになってくるのは、ヘロデ・アンティパスという男のなかには、殺したヨハネの亡霊が、そのまま新たに現れた預言者イエスのなかにも投影され二重写しになっていたことである。二千年も前の世界では、歴史認識も人生観も死生観も何もかも今とは違っていた。まだ科学という実証世界が存在しなかったのだから、それも当然である。そこでは偉大な預言者の魂は、時を超越して甦るものと信じられていた。それゆえに、ヘロデ・アンティパスのなかには、自ら殺したヨハネの亡霊が、そのままイエスのなかに亡霊として揺曳していたのだろう。

ただそうは言っても、面白いのはこの小心者の狐と揶揄された男は、その一方で、記述にもあるように、

「ヨハネを義《ただ》しい聖なる人と見なして、彼を恐れ、彼を保護し……喜んでその言うことを聞いていた」

とあることである。つまりこのヘロデ・アンティパスという男は、小心、凡庸な男だったが、けっして暴君ではなかった。むしろその実像は、自己肯定も自己否定もできず、その狭間で悶々とする男だった。おそらくヨハネ逮捕も、妻のヘロディアに焚きつけられて、やむなくそうしたのが実情だったのだろう。その証拠に、彼はヨハネを逮捕はしたものの、その後始末をどうつければよいのかわからなかった。そうした彼の小心さの反映が、今引用した福音書の箇所に図らずも出ているのである。

こうした彼の小心翼々な背を押し続けたのが、ここまで再三触れてきた妻のヘロディアである。恐妻家の彼は、この点でも歴史に名を留めることになる。そして誰もが知っているあの有名なエピソードとして、マルコ福音書では次のように記されている。目新しくも何でもないが、世の中にはついでにということもあるから、引用しておきたい。

「すると都合の良い日がやって来た。ヘロデが自分の誕生日に宴会を催し、自分の高官たちや、千人隊長たちや、ガリラヤの名士たちを招いたのである。そこで彼の妻ヘロディアの娘が入って来て、舞を舞ったが、それがヘロデとその同席の者たちの気に入った。王は少女に言った。

『欲しい物は何でもわしに願い出よ。そうすればお前にやろう』

そして彼女に固く誓った。

『お前がわしに願い出ることは、たとえそれがわしの王国の半分であっても、お前にやるぞ』」

ヘロデにしては珍しい啖呵でもあった。

「そこで彼女は出て行って、その母に言った。

『私は何を願い出たらいいの』

すると母は言った、

『洗礼する者ヨハネの首よ』

そこで彼女はすぐに急いでなかに入って王のもとに行き、願い出て言った。

『いますぐに、洗礼者ヨハネの首をお盆の上にのせて、私にちょうだい』

そこで王は悲しみにとらわれたが、同席している者たちの前で誓った手前、彼女の願いを退けようという気にはなれなかった。そこで王はすぐに刑吏を遣わして、ヨハネの首を持って来るように言い付けた。そこで刑吏は去って行き、獄でヨハネの首を斬った。そして、その首を盆にのせて運んで来て少女に与え、少女はそれを母に与えた」

これが事の顚末である。しかし興味深いのはそのあとで、何気なく次のように書かれていることである。

「するとヨハネの弟子たちはこれを聞いてやって来て、彼の死体を引き取り、それを墓のなかに横たえた」

ここには激しい怒りも、悲しみも恨みも一切ない。そうした言葉は一言も書かれていない。しかもそれだけでなく、残された弟子たちは、一切の反抗も動揺も反乱も起こさず、事態をそのまま粛々と受け入れていることである。いったいこれはどういうことだろう。人間的感情としては、あまりに不自然ではないか。そしてこのことはイエスの死の場合もまったく同様なのである。ここには、何か大きな特別な力が働いているように思われる。この点については、当然のことながら問題にしなくてはならない。

もちろん私はイエスのところで、この点についても触れるつもりである。なぜならそのことがヨハネとイエスの意志であり、現代流にわかりやすく言えば、それこそが二人の遺言だったからである。ヨハネとイエスの遺言とは、自分たちの死に際して、一切事を起こすなというものであったにちがいない。それは二人の行動が如実に示していることでもわかる。そして愚かなことに、我々人類が二千年もの間そのことに気づかず、これまでずっとそのことを見落としてきたことである。

ここまでの引用で、ガリラヤ、ペレアの領主であったヘロデ・アンティパスという男は、暴君でも何でもなかったということが判明する。彼は小心で用心深く、なおかつ恐妻家だった。私はこの小心な男をこれ以上意図的に虐めるつもりはないが、ヨハネとイエスの死に関わったという希有な男でもあるので、あと一つだけ、エピソードを紹介しておきたい。それはヘロデ・アンティパスという男の人生を飾るエピソードとして、もっともふさわしいものだと私は思っている。その経緯は、ヨセフスの「ユダヤ戦記」の〝ヘロデ・アンティパスの追放と死〟に次のように出ている。ローマ皇帝ティベリウスが二十二年六ヶ月と三日間の治世を終え死去した後、暴君として名を馳せるカリグラが皇帝に即位した直後のことである。

カリグラはカイサルとなって即位の宣言をうけると、早速アグリッパを解放し、王の称号とともに、すでに死んでいたフィリッポス（アンティパスの弟）の分封領を与えた。ところがアグリッパが領主権をうけようとやって来たことによって、分封領主ヘロデは嫉妬心と野心をかきたてられてしまった。さらに彼の王位に対する野望を誰よりも強くかきたてたのは妻のヘロディアであった。彼女は夫の怠慢を、

「彼がより大きい権力にありつけない理由は、カイサルのところに伺候したがらないからだ」

となじった。さらにヘロディアは叫んだ。

「彼はあの平民出身のアグリッパさえ王にしたではないか、だとすればどうして分封領主を同じく王にすることをためらうだろうか」

ヘロデはこのように説き伏せられて、カリグラのところに行ったが、かえってその欲

深さの罰としてカリグラによってスパニア（現在のスペイン）に追放されてしまう。というのもアグリッパが彼を訴えに上がって来たからである。カリグラはそのアグリッパにヘロデの領地を与え、ヘロデは妻ともども流刑され、遠いスパニアの地で命果てることになる。

小心な男が、人生の最後に妻にけしかけられ、一大決心をしてはるばるローマまで上京し、出世を望んだ結果がこれなのである。その結末は、自ら墓穴を掘ったと言えばそれまでだが、彼が人並み外れた恐妻家だったことを思うと、その末路に人知を超えた人生の悲哀とともの悲しさを感じてしまう。そしてそれ以上に、こうした話が、ヨセフスの「ユダヤ戦記」に記載されていることを考えると、彼の恐妻ぶりは、ローマ政界でも有名な話だったと思われる。それにしてももと私は思う。たとえゴシップが、今も昔も変わらない話題だったとしても、ローマとユダヤは、地中海を挟んでかなり離れている。かなりどころか、相当の距離といっていい。しかもそれが二千年も前の話であることを考えると、私はおもわず苦笑してしまうし、その事実にしばし呆然としてしまうのである。

ここまで、私はヨハネとイエスを語りながら、あれこれ脇道にそれたことも認めなくてはならない。それもこれもヘロデ・アンティパスという男が、ヨハネとイエスの死に直接間接に関わっていたからである。しかもヨハネとイエスの死は、歴史上も宗教上も特異な死だった。具体的に言えば、彼らはともに「神の王国」運動を呼号しながら、それらの運動が庶民に支持され認められ始め、その結果として当局のマークが始まるや否やにわかに危機感を強め、まるで強迫観念に取り憑かれたかのように先を急ぎ出し、慌ただしく自らの命を絶つべく、その算段を自ら始めてしまうからである。

これはいったいどういうわけだろう。そしてその分水嶺とはいったい何だったのか。それを考える必要がある。二人はいったいどのような理由で、しかも人生で一番大切だと思われる命を、武器も取らずに、まるで神の前の子羊のように無抵抗に相手方に差し出してしまうのか。そこには万人には見えずとも、二人だけには間違いなく見えていた世界があったはずなのである。またそうでなくてはならなかった。そして二人が自分の命を差し出してまで守ったものは、いったい何だったのだろう。それこそが問われなくてはならない。私はそう思う。

セフォリスの反乱

私はその二人の特異点こそが、セフォリスの反乱だったと思っている。ここまで私はその時々にセフォリスの反乱に触れてきたが、ここで改めてセフォリスの反乱について考えてみたい。もちろん歴史的事実をおろそかにするつもりはないが、しかしそれ以上に、私は当時もっとも多感だった二人の少年、周囲からは神童と呼ばれていたヨハネとイエスの心証についての考察を、ここからさらに深めたいと思う。

事件当時、ヨハネとイエスの年齢は、十二、三歳だったと思われる。その純な少年たちの魂に悲惨なセフォリスの反乱がおし被さって、彼らの人生と激しく交錯し、彼らの人生そのものを変えてしまったのだと私は思う。そしてそのことを私流に言えば、もしセフォリスの反乱がなかったならば、現在のイエスも、ヨハネも存在しなかったと思う。そして世界は現在のようではなかったはずだ。セフォリスの反乱は西暦六年のことである。

当時、セフォリスはナザレの西北六キロ余の地点にあり、徒歩で二時間弱のところにあって、ハスモン朝以来のガリラヤの首都だった。ヘロデ大王以来、この街はローマの東方進出の橋頭堡としてローマ軍制区の五つの街の一つに指定され、対パルティア戦に備えて巨大な武器庫に膨大な武器の集積を行っていた。ガリラヤで起きたエゼキアの子ユダの反乱は、このセフォリスの王宮に攻め入り、その武器庫を襲い、一気に自分たちを武装化した事件である。ヘロデ大王の死後、その混乱に乗じて、反体制側が起こしたガリラヤにおける最大の反乱事件と言われている。彼らのスローガンは「自由は命より大切なものであり、主という呼び名は神だけのもの」というものだった。つまり彼らは、彼らが拠って立つユダヤ教以外の一切のこの世の権威は認めず、自分たちの信じる神の教えの下に理想の王国を建設しようとしたのである。したがってそのスローガンの背後には、ローマを中心とする支配体制に対する一切の妥協を拒否するという強い思いが存在していた。

それゆえその主張は、ユダヤ人にとっては自明の理であり文句のつけようのないもので、そうしたスローガンは常に反体制側によって主張され利用されてきたものでもあった。それだけにこうした思いは、過激化しやすく、往々にして大暴動、大反乱に繋がってしまうものでもあった。いわばこうした主張はユダヤ人の愛国思想の根源をなすマグマそのものだったのである。

最初、反乱側は幸先よく連戦連勝し、体制側を次々にうち破って、その本拠地セフォリスに殺到し、その武器庫を襲い、一気に自分たちを武装化することに成功した。それは予想以上の戦果で、事はここに成就したかと思われた。ところが事はそう簡単ではなかった。なぜなら体制側の背後には、超大国ローマが君臨していたからである。ローマからすれば、セフォリスの反乱は単なるユダヤの一地方における反乱にすぎなかったが、しかしそのように事を軽々しく見なすこともできなかった。

なぜならそこにはローマの巨大な武器庫が存在し、まさにその武器庫が襲われたからである。そうであれば、それはローマの威信にも関わることだった。それゆえローマの対応は、素早く果敢でかつ厳しかった。当時東方においてローマ最大の権力を握っていたシリヤから、ウアロスの指示の下、続々とローマ兵がセフォリスに送り込まれ、反乱軍はたちどころに殲滅《せんめつ》されてしまった。しかもその戦後処理は苛烈を極めた。当時の戦後処理の方法は、首謀者はもちろん断罪されたが、他の多くの者は奴隷に売られるのが常識だった。奴隷にして売れれば、戦勝者側には莫大な金が手に入るからである。

しかしこのセフォリスにおけるローマ側の戦後処理は、そうした常識の枠を遥かに超えて異常なものだった。ローマ帝国における苛烈な政治的極刑は十字架刑である。それは当時世界中に知れ渡っていた。ローマ支配の各地、各村の入り口には見せしめのための十字架がわざわざ掲げられていたとさえ言われている。言うまでもないが、十字架刑は受刑者に多大の苦痛を強いる極刑である。と同時に、それ以上に見せしめ的要素が強いものとしても知られていた。

セフォリスの場合、この見せしめ的要素が突出して異常なものとなった。ローマ軍は報復の意味を込めたのであろう。何と二千人もの首謀者を探し出し十字架にかけたのである。そのためにヨルダン杉が払底したとさえ言われている。もちろんヨルダン杉ほど高価なものを、十字架刑の材料に使ったとは思われないが、その真偽は別にしてもこの話はすさまじい。当時十字架刑に架けられた者の腐臭が、何ヶ月ものあいだ周辺に漂い、その叫喚は酸鼻を極めたと言われている。十字架刑は生きた人間をそのまま十字の柱に釘付けにして吊すことだったから、一人吊すだけでも、大変な作業だったことは、容易に想像できる。それが十単位でもなく、百単位でもなく、二千もの十字架を街道伝いに立てたというのだから、それだけでも想像を絶している。

それ以来ユダヤの地がしばらくのあいだ、静穏を保ったというのも当然のことである。そしてその悲惨さは二千年を過ぎた現在でも、なお我々が感知できるほどのものだったから、当時人並み優れて多感だったヨハネとイエスの心に、この事件が与えた衝撃は筆舌に尽くしがたく、度外れたものであったはずである。

ヨハネとイエスの人生はその後にあった。にもかかわらず、聖書中の聖書といわれる福音書はそのことを忘れている。私にはそのことを隠しているとさえ思われる。ヨハネとイエスとユダの異常行動は、こうした事件が織りなした特殊な布地なのである。その絵柄がどのようなものであったのか、私はこれから、各福音書の後半部にその絵柄をたどって見たいと思っているが、事の性格上、ここまで述べてきた出来事と、これから述べようとする出来事とが、あちこちで重複することは避けがたい。煩わしいが、それもやむを得ない。重複すればこそ関連性もあるのだし、織物の絵柄というものは、本来続き物であってこそ本物なのだ。

さて場面は、最後の晩餐へと進行していく。この場面は聖書の白眉であるとともに、イエスが自分の運命に道を拓き、つまりは「十字架への道」へと、自ら断を下した場面でもある。それはとりもなおさず、自らの同志であり、友であったユダの運命をも決し、弟子たちの運命をも巻き込んでいくものでもあった。そしてそれは、それだけでは終わらなかった。なぜならその教えは、彼の死後ユダヤの国境を越え、中近東へ広がり、地中海沿岸を洗って、ローマ帝国を席捲し、やがては世界へと広がって、さらには時代を超え、人類史を塗り変えることへと繋がっていったからである。

その出発点は、最後の晩餐におけるイエスの有名な一言、

「このなかに、私を売り渡す者がいる」

から始まっている。それは誰もが知っていることだが、ここまで何度も触れてきたように、イエスはこの場面に向けて、様々な手を打っている。それはこれまでにも幾度となく触れてきた受難予告であり、塗油事件である。生涯純真で、少年の心をもち続けたイエスには珍しいことでもある。彼はけっして気の長い男ではなかった。むしろ純真なだけに気の短い男でもあった。そのイエスがこのような行為に出ていることは、それだけでも特筆すべきことである。さらに彼は至るところで、聖書イザヤの預言書「苦難の僕」の箇所を引き合いに出し、その「苦難の僕」のイメージに自己のあるべき姿を懸命に重ね合わせようとしている。その姿は悲痛そのものであり、そのイメージとは次のようなものであった。

第五章

「……彼は蔑まれ、人々に見捨てられ……顔を背けられる者のように蔑まれ、われらも彼を顧みなかった。……われらの苦しみ、それを彼は担ったのだ。しかし我々が、彼について思っていたのは、叩かれ、神に打たれて、痛めつけられているのだ、と。ところが彼は何と、われらの不義のゆえに、刺し貫かれ、われらの咎のゆえに、砕かれていたのだ。……ところがヤハウェは、彼に執り成しをさせた、われらの皆の咎に対して。

虐げられたが、しかし彼こそは忍び、口を開かず、屠り場へ引かれる子羊のように、あるいは毛を刈る者の前に黙す雌羊のように、口を開くこともなかった……」

これが、繰り返し福音書内でイエスが口にする言葉の舞台裏である。イエスは自分の行動と言葉を、次のような言葉で、繰り返している。その言葉とは、たとえば、

「……人の子は、自分について書かれているとおりに去って行きます……」

とか、あるいは、

「……預言者を通して語られたことが、成就するためであった……」

とか、枚挙にいとまがない。

つまりこれらが、イエスの胸に去来するイメージであり、彼がこうしたイメージで自

分自身の日々を律していたとすれば、当然のことながら、彼はこのイメージに殉ずる必要があった。それをせず、無駄に日々を過ごし、いつまでも悶々として暮らしていけばどうなるか。それは間違いなく口先だけの徒、つまり当時巷に跋扈《ばっこ》していた多くの偽預言者たちと同様の状況に転落し、同時に彼らと同じ運命を辿ることに他ならなかったのである。そうであれば、それでよいはずはなかった。

イエスとすればそれだけは何としても避けたかったはずである。なぜなら彼の背後には、常に幼い頃から見知っていたヨハネがおり、ヨハネがその良き手本となっていたからである。さらにイエスの背後には、少年時に遭遇したセフォリスの反乱があった。そうした状況を念頭に、改めて福音書を読んでみると、イエスの生涯とは、自らをイザヤの「苦難の僕」に重ね合わせ、その人生を生きる作業に他ならなかった。つまりイエスは、イザヤの「苦難の僕」にあるように、

「人々に蔑まれ、人々に唾を吐きかけられ、殴られ、嘲笑され、見捨てられ、刺し貫かれなければならなかったのである」

そしてそうされることで、イエスは初めて救世主メシアとして、つまりはキリストとして当時の世相のなかで、辛うじて人々の罪を背負い、神との仲介者の地位に立つことが可能だったのである。そしてそれこそが彼の自己実現のすべてでもあった。それゆえ、その点についてイエスは他人が何と言おうと譲る気はなかった。彼はそう信じていたか

らである。そしてもしその視点を見失えば、イエスはたちどころに自分がすべてを失ってしまうことも知っていた。つまりイエスは、その点に関しては、一切の妥協をするつもりも余地もなかったのである。

こうした苦渋に満ちたイエスの精神状況を、一分の隙もなく正確無比に理解し掌握していたのはおそらくユダだけだったろう。その証拠はまさに逆説的ながら、ユダがあらゆるイエスの行動を黙認し、イエスの言に一言の異も唱えず沈黙し続け、イエスの意に従って己の運命を……愛するイエスに見事に重ね合わせて見せたことで証明される。二人がこうした一致点に達するまでには両者の間に、他者には窺い知れぬ煩悶があったことは、容易に想像できる。ただそうであっても、私にとって驚嘆すべきことは、この件に対して、ユダが最後までイエスの行動にまったく容喙した気配がないことである。この点ユダのイエスに対する信頼は最後まで微動だにしなかった。それは人間として見事という他はない。

思うにユダは、その生涯のどこかで、イエスという男に自分の生涯のすべてを懸けてしまう決意をしていたのだと思う。私はそう思うし、それ以外の思いも浮かばない。そしてそうしたユダの目に寸分の狂いもなかった。イエスという男は、まさにユダの目にかなったとおりの男だったからである。彼は己の苦悩と闘いつつ、単独で混迷するユダヤ社会のまさにその時代の出口へと雄々しく一人で前進していったからである。そうしたイエスの日々を目の当たりにしていたユダは、ある意味で本望だったろう。私はユダをそう理解したいし、そう励ましたい。イエスは人々を叱咤激励しながら、己の自己実現に向かって一瞬たりともひるむこともなく、ひたすら突き進んでいった。イエスはユダの眼の前で己の命を省みず、常に身を挺していた。そうしたイエスの日々を目の当たりにして、ユダがイエスにいったい何を言うことができたろう。その必要はまったくなかった。

誤解を怖れずに言えば、その心境は子に対する母の心境に近いものだったかもしれない。私はここまでイエスの母親であったマリヤの心境について、ほとんど触れなかった。意識的に避けてきたことも事実であるが、重大なことは母マリヤをはじめとしてイエスの兄弟姉妹は、愚痴らしい愚痴を一言も言わず、一家の長男であり、輝ける一家の希望の星であったイエスの一挙手一投足を最後まで愛情をもって見守り続けたことである。もちろん福音書の一部には、家族がわざわざ「イエスの気が狂ったのだ」と周囲に弁解しつつ迎えに行ったシーンも綴られている。しかしこれはイエスの身を心配した家族たちの心温まる一シーンにすぎない。福音書全般を見渡してみれば明らかであるが、イエスはこうした家族に対し、憶することなく堂々と自分の考えを次のように述べてはばからない。

その箇所は、キリスト教の神髄を伝えているとされる有名なシーンでもある。彼とはもちろんイエスのことである。

「彼がまだ群衆に語っているうちに、見よ、彼の母と兄弟たちが彼と話そうとして、外に立っていた。そこである者が彼に言った、

『ご覧なさい、あなたの母上とあなたの兄弟たちが、あなたと話そうとして外に立っています』

彼はしかし、彼の母と彼の兄弟たちのことを彼に告げた者に答えた、

『私の母とは誰か、私の兄弟たちとは誰か』

そしてその手を、自分の弟子たちの上に伸べて言った、

『見よ、これが私の母、私の兄弟たちである。天におられる私の父の意志を行う者、その者こそ私の兄弟であり、姉妹であり、母だからである』」

論理のすり替えとまでは言わないが、ここにはいかにもイエスらしい鋭気溌剌とした機知の煌めきが横溢している。イエスがこうした言葉を吐けるのは、その背後でイエスとその家族がしっかりした愛情で結ばれていたことに他ならない。私はそう信じている。古来イエスの比喩力は高く評価されていて、イエス自身もそのことに強い自信をもっており、福音書内でも彼はしばしばその効用についても語っている。比喩は何といってもわかりやすいし手っ取り早かった。それにイエスの天才的比喩力は、時に論理を超越し、

相手の反論を許さない圧倒的な力をもっていた。よりわかりやすく言えば、彼の比喩はわかりやすいだけではなかった。彼の比喩は余人の追随を許さないだけではなく、鋭利さと独自さを内包し、人々を圧倒したのである。

前述したシーンでも、そのことは明確である。イエスは、彼の母と兄弟たちのことを彼に告げに来た者に、即座にこう反論した。

「私の母とは誰か、私の兄弟たちとは誰か」

こう居直られたら、もうそれだけで仲介者は立つ瀬がなく、戸惑いの方が先になってしまい、頭のなかは真っ白になってしまっただろう。天性のラビでもあったイエスには、実に反論、反語、反問の類が多い。それでもうまくいかない場合、イエスは押し黙ってしまうか、あるいは居直って「お前がそう言っている」と言葉をそのまま相手に押し返して、現実の力関係をみごとに逆転させてしまう。そうであるがゆえに、喧嘩上手のイエスは福音書内を見る限り、一度として喧嘩に負けたことがない。負けるはずがないのである。なぜなら、喧嘩に負けない要諦は、負けを認めないことだったからだ。イエスは天性の勘で、そのことを幼少の頃から知っていたに違いない。身体的に強健ではなく、負けず嫌いで、兄弟姉妹も多く、けっして経済的にも豊かでなかったイエスにすれば、咄嗟の機知や知恵のみが彼の有力な武器だったからだ。そのことを伝える格好のエピソードが福音書に残されている。イエスが十二歳の頃だったとされるもので、要約すると次のようなものである。

イエスの両親は、毎年過越祭になるとイエスを伴ってエルサレムに参拝に上がっていた。その時のことである。一行は日程をこなして帰途についたが、イエスが一行のなかにいなかった。そのことに気づいたのは、一日分の距離を進んだ場所だった。慌てた両親は急遽《きゅうきょ》イエスを探すべくエルサレムに引き返した。

その箇所を引用する。彼とはもちろんイエスのことである。

「そして三日後に、彼らは彼を神殿の境内で見出した。彼は律法学者の只中に座って、彼らの言うことを聞いたり……彼らに質問したりしていた。そこで彼が語るのを聞いた者は全員、その洞察力とそのもろもろの答えとに正気を失うほど驚いていた。さて、両親は彼を見て仰天し、その母が彼に対して言った、

『子よ、なぜ私たちにこんなことをしてくれたのです。見なさい、お前の父上とこの私とは、ひどく苦しんでお前を探していたのです』

すると彼は彼らに言った、

『なぜぼくを探されたのですか。ぼくが、自分の父の家にいるはずだ、ということを知らなかったのですか』」

これが十二歳のイエスの反論である。「自分の父の家」とはもちろんエルサレム神殿のことである。開いた口が塞がらないとはこのことだろう。十二歳のイエスは謝らない

どころか、逆に親に反論し両親をやりこめているのである。こういう時こそ、父であるヨセフはイエスを叱りつけるべきだったろう。子供が大人になって世に出て行く時、この種の屁理屈はけっして通用しないのだと。しかしその兆候はどこにもない。父ヨセフは、こうしたイエスに対して一言の訓戒も垂れるような人ではなかった。イエスにしろヨハネにしろ、二人は人類史上に名をなす強烈な個性の持ち主であり、間違いなく天才だったと言ってよいが、その父ヨセフとザカリヤは、二人に比すとどこまでも影の薄い存在だった。わかりやすく現代的に言えば弱き父だったのである。そのことを逆説的に言うと、イエスやヨハネのような破格の人物を生む土壌にあっては、通常の父性などというものはまったく意味をなさず、問題にもならず、通用もせず、百害あって一利なしだったと思われる。

それゆえイエスとヨハネの青春は惨憺たるものになった。私はそう推測している。それゆえあの名うての福音書作者たちですら、そこに踏み込む勇気をもてなかったのではないかと私はそう思っている。だからこそ彼らの青春は書けなかった。新約聖書の謎の一つはそこにあると私は考えている。考えてもみるがいい。たとえば、仏教の開祖釈迦にしろ、イスラム教の開祖ムハンマドにしろ、かなりの確率でその生涯の日々と人間模様は描かれている。商人上がりのムハンマドの知恵や比喩は、ほとんどが日常生活の現実的損得勘定に由来していて、そこには普遍的な倫理観とはほど遠い現実的世界観が広がっている。皮肉に言えばそこにこそユダヤ教やキリスト教の後塵を拝したイスラム教の新しさがあったのかもしれない。

ところがイエスとヨハネについては、そうではないのである。誕生にまつわる、どうでもいい神話的な作り話は書かれているが、それ以外は皆無と言っていい。僅かに今紹介した十二歳のイエスの逸話が残されているだけである。前にも触れたことがあるが、イエスの公的活動は三年にも満たない。もともと福音書は彼の教えとその布教活動を伝えるものであって、伝記ではないという。たしかにそのとおりだろう。しかしそれにしても、イエスの生涯の七割以上の時空が放置され、不問に付されたままである。それはまるでアンタッチャブルの世界を思わせる。こうした状況を多少なりとも気にしたのか、ルカ福音書はイエスの系図と称して、その家系を辿り始め、延々と辿ったあと、最後はエノシュ、セト、アダム、神であるとしている。語るに落ちた話で、正気の沙汰とは思われないが、それにしてもイエスの人生の七割以上、いや考えようによっては九割以上の時空が、ほとんど触れられずに不問に付されているというこのアンバランスは、いったいどういうことだろう。

私には不自然としか思えない。なぜなら、それは意図的なものではなかったか、とも思えてしまうからである。おそらくイエスを神として祭るには、苦悩に満ちたイエスの青春は不都合で邪魔だったのだろう。しかしながら、たとえそうだったとしても、今少しイエス自身の、イエス自身による青春の苦悩と挫折の言葉があったらと、私はいつもないものねだりの子供のように思ってしまう。もしそれがあったら、イエスの教えも行動も、もっと色鮮やかな立体感をもって可視化できる可能性があるからだ。しかし、ないものねだりをいつまでいっていても仕方がないのでもとに戻ることにする。

ヨハネとイエスのことである。

それは二人の苦悩の発露についての考察であるが、二人はその苦悩の出口を求めて激しく懊悩していたが、その出口を見つけるのは容易ではなかった。何とか二人が、その出口らしきものを見つけたのは、すでに三十歳を過ぎてからだった。その実態は、それぞれの人生の避けられない運命を、あたかも沈みゆく太陽のように感じながらの決断だったのではないか。私はそう思っている。

平たく言えば、二人にとっての行動はこれといった成算などあろうはずもなく、ある意味破れかぶれに近いものだったと私は考えている。それだけに彼らの決意は並々ではなく、命懸けのもので、悲壮で純粋そのものだったともいえよう。その核心とは、言うまでもない。それは本人が己の運命を自覚し、その運命へと大きく自分の足を踏み出すことであった。その意味で言えば、イエスもヨハネももう迷うことはなかった。すでに彼らは三十歳を越えていたからだ。二千年前の三十歳は、現在の三十歳とはわけが違う。

それは、すでに自分の人生の行く末を見届けるに十分な年齢だったし、その決断に、言ってみれば彼らの人生のすべてが懸かっていた。ヨハネもイエスももうぐずぐずしてはいられなかった。それが二人の実情であり、何としても先を急がねばならなかった。彼らの人生が劇的になるのも、そうした彼らの待ったなしの人生の日暮れが、すでに目前に迫っていたからである。

日暮れが迫っている以上、先を急がねばならない。そこでその後のイエスの動向を、福音書内に追ってみることにする。

イエスは布教を続けながら、過越祭の近づくエルサレムへと次第に近づいていく。そしてそこがイエスにとっての危険地帯であることは、イエスにも十分すぎるほどわかっていた。わかっていたからこそ、イエスは己の受難予告を、繰り返し繰り返し弟子たちに語って聞かせ、その覚悟を迫っていたのである。

しかし、ものわかりの悪い弟子たちには、彼の警告はまったく伝わらなかった。イエスはそうした苛立ちと焦燥感を抱えながら、最後の決断の場所へと近づいていく。その場所とは、もちろん最後の晩餐のことである。

その状況は、次のように始まっている。真偽のほどは別にして、そのことを現代流に表現すると、それは多少アニメがかっていて戯画的にも私には思われるが、しかし福音書にそう記載されているのだから仕方がない。

それはイエスがロバの調達を弟子たちに命じ、そのロバにイエス自らが乗って、エルサレム城内へと入城するシーンから始まっている。

少々長くなるが、このシーンはきわめて写実的で、当時のイエスの人となりを余すところなく伝えていると思われるので、そのまま引用したい。


「これは、預言者をとおして語られたことが成就するため実際に起きたのである。こう言われていた。シオンの娘に告げよ。

『見よ、あなたの王があなたのもとに来る。気質の温和な者であり、ロバに乗って、それも、駄獣の子なる子ロバに乗って』

それで弟子たちは出かけて行き、イエスが命じたとおりに行った。

こうしてロバとその子ロバを連れて来て、その上に自分たちの外衣を置き、次いでイエスがその上に座られた。群衆の多くは自分の外衣を道路に敷き、他の者は木の枝を切り落として道路に敷いていった。群衆は、彼の前を行く者も、あとに従う者も、こう叫び続けた。

『救いたまえ、ダビデの子を、エホバの御名によって来るのは祝福されたもの、彼を救いたまえ、上なる高きところにて』

さて、彼がエルサレムへ入ると、市全体は『これは誰なのか』と言って騒ぎ立った。

群衆は、『これは預言者イエス、ガリラヤのナザレから来た方だ』と告げていた。

それからイエスは神殿のなかに入り、神殿で売り買いしていた者たちをみな追い出し、両替屋の台と、鳩を売っていた者たちの腰掛けを倒された。そしてこう言われた。

『私の家は祈りの家と呼ばれるであろうと書いてあるのに、あなた方はそれを強盗の洞窟としている』」

後世、イエスの「宮清め」といわれるシーンである。場所は、もっとも神聖とされるエルサレム神殿前の広場だった。今でもそうだが、両替場は、当然のことながら厳重な警備体制の敷かれた場所で行われる。そうでなければ安易にお金の両替などできるはずもない。にもかかわらず、イエスがこうした野蛮な子供じみた実力行使に出ている真意は、どこにあるのか。それはいったい何だったのか。そのことを当然我々は考えなければならない。他にもイエスは神聖であるべきエルサレム神殿に向かい、人々が仰天するような言葉をあえて浴びせかけ、耳目を惹き、これ見よがしに不敬な言葉を投げかけている。それは次のような場面である。

弟子たちが、エルサレム市内に入り、荘厳なエルサレム神殿に圧倒され目を奪われたのに対し、

「こんなものは、すぐに滅びる、そして私は三日以内にそれらを建ててみせる」

そう豪語するのである。

これらのイエスの子供じみた言動は、いったい何を物語っているのだろう。明らかなことは、イエスがあえて事を引き起こそうとしていることである。イエスはこうした行為によって、自ら体制側をおびき出し、彼らに言質を与え、与えることによって自分を不穏な分子に仕立て上げ、あわよくば自分を犯罪者とし、さらには自分を政治犯として、自分をあの預言書のなかにあるイザヤの『苦難の僕』に仕立て上げようと画策しているのである。つまりイエスの行動は確信犯であり、それ以外に考えられない。しかもその可能性は十分すぎるほどにあったのである。なぜなら時は、ユダヤの民にとってもっとも大切な過越祭を控えての時期であり、場所はもっとも神聖とされるエルサレム神殿前でのこの行為なのだから。

にもかかわらず、無能な弟子たちは、この非常時におけるイエスの驚くべき挑発的挑戦的行為に対してもまったく無理解で、さほどの反応も見せず、見て見ぬふりをするだけで、唯々諾々とイエスに従うばかりだった。こうした弟子たちを前に、イエスはどれほど悲しく寂しかったろう。想像に余りある。それは最後の夜、オリーブ山で官憲に彼が逮捕されるまで続くのである。もちろんそれについても触れていくが、それにしてもこうしたイエスの行動を、正確無比に、それこそ物言わぬ恋人のような気持ちで、間近で眺めていたユダの心境を思えば、心が凍りつく思いもする。なぜならイエスのこうした行為は、イエスが自ら自分を危険地帯へと追い込んでいくまごうかたなき姿に他ならなかったからである。イエスがそうなら、ユダもまた当然覚悟を決めなくてはならなかった。要するにもうユダにもイエスにも逃げ場はなかったのである。

二人の時は満ちつつあった。折しもエルサレムの上空に、月は真円を描きつつ、十五夜になろうとしていた。年に一度の過越しの祭りは、ニサンの十五日と決められていたからである。そしてその満月に向かい人類史上もっとも崇高な二つの魂は、複雑に交差しながら、彼らの青春とすべての人生を懸けて、厳しくも苛烈なあの十字架への道へと進んでいったのである。

その先を、さらに福音書のなかに辿ってみたい。その結果が、どのようなものになっていったか、をである。それはきわどくも苛烈なものだった。そうならざるを得なかった。それは王道とはほど遠く、邪道にも似た道だったが、二人の魂はその先に二人だけで共有できる神の王国、心の王国への扉をしっかりと見据えていた。その扉は、未だかつて誰も近づくこともできず、それゆえ開かれたこともないものだった。今やそれをイエスとユダが開こうとしていたのである。

ユダはその先導役だった。彼は指名されていたとまでは言えないにしても、暗々裏に、そのことを暗示され示唆されていたはずだ。それは最後の晩餐会の並み居る弟子たちが集まっている次のような場面に繋がっていた。その口火を切ったのはもちろんイエスだった。イエスが自らスイッチオンしたのである。

「私はあなたたちに言う。あなたたちの一人で、私と一緒に食事をしている者が私を売り渡すであろう」

一瞬にしてその場は凍りついた。誰にも緊張感が走った。当然であろう。にもかかわらず、誰も、

「それは誰ですか」

とは言わずに、彼らの口を突いて出たのは、

「まさか、この私では……」

というものだった。実に不思議ではないか。私はこの点にも違和感をもっている。そしてその声を静かに抑えて、イエスは次のように言葉を続ける。

「それは私と一緒に手を鉢に浸す者だ」

それが偶然だったのか、それともイエスがその瞬間を見逃さなかったのか。あるいはそれともユダがイエスの声を聞き、その意を体してイエスと一緒に手を鉢に浸したかはわからない。しかし、いずれにしろ、そのイエスの言葉どおりの行動を取ったのは、ユダだった。

そしてイエスは、次のような言葉を述べるのである。

「たしかに人の子は、自分について書かれているとおりに去って行く。しかし人の子を

裏切るその人は災いだ。その人にとっては、むしろ生まれてこなかった方がましだったろうに」

その言葉に、誰もが凍り付いた。運命は決したのである。しかしイエスとユダはなおその先をいかにも彼らしく確認し合っている。ユダの確認、

「まさかこの私では」

その声に、イエスの声がすかさず覆い被さる。

「お前自身がそう言っている」

そうなっては、まさに万事休すだったろう。というのも、

「お前自身がそう言っている」

というイエスのそのワンフレーズは、イエス独特の言い回しであるけれども、そのフレーズこそ常にイエスの断固とした決意を示すものであり、いわばそれは宣告であり、同時に宣言でもあったからである。そうなっては、もう誰も反論できる余地はなかった。

そのことは、弟子の誰もが知っていた。こうしてイエスとユダは、他の弟子たちの異論を完全に抑えたのである。

イエスはパンを取り、祝いを述べてからそれを割き、弟子たちに与えて言った。

「取って食べなさい。これは私の体だ」

さらにイエスは杯を取り、こう続けた。

「取って飲みなさい、これは私の血だ。これは罪の許しのため、多くの人のために流されるものだ」

こうして事は終わった。そして最後に彼ら一同は賛美歌を歌いながら、その部屋を出て階段を下りて行くのである。もちろん行く先はここ数日、彼らがねぐらとしていたオリーブ山である。

前にも触れたが、もしこの最後の晩餐が、巷間伝えられているように、ユダの本当の裏切りの場であったら、どうしてこんな時にみなで賛美歌などを歌うのだろうか。寡聞にして私は、この点に触れた書に、今まで一度としてお目にかかったことがない。言うまでもないが、賛美歌とは神を讃える歌である。もし本当に福音書作者たちが書いたように、彼ら一行が最後に賛美歌を歌ったとしたら、それこそユダが裏切り者でないことの何よりの証拠ではないか。皆で賛美歌を歌ったという文章をそのまま信じるならば、賛美歌を歌う彼らには、その瞬間大きな危機を乗り越えた安堵感が広がっていたはずなのである。そうでなければ賛美歌を歌うなどという行為は、それこそ神を冒瀆することにもなろう。

その延長線上で物事を考えれば、福音書作者たちは、最後の最後に、「最後の晩餐」という人類史上最大の息詰まる場面を見事に描きながら、それでいてとんでもないミスを犯したことになる。おそらく気が緩んだのだろう。そうとしか思えないが、私はそれ以上彼らを非難する気にはなれない。なぜなら、その夜は過越祭を目前にした晩餐会だったからである。過越祭の晩餐会は子羊を屠り、葡萄酒とパンで会食をしつつ、そうあることの幸せを互いに神に感謝する場だったからである。であれば最後に賛美歌を歌うことも、当然の成り行きであり、それは当時の習慣であり、儀式だったからである。それゆえ福音書作者たちも、それに則ってうっかり筆を滑らせたのだろう。だとすれば福音書作者たちの行動を、むげに非難もできない。とはいえ、この場は、聖書中最大の山場であり、ユダの裏切りの現場であり、イエスの運命を決め、イエスが、文字どおりイエス・キリストになっていく十字架への道を決定づけた瞬間でもある。

そして従来の考えのすべてのキーポイントは、このユダの裏切り行為、その一点に絞られている。そしてそのすべてをその行為で説明しようとしている。しかしこれは本当に裏切りなのであろうか。そうではない。私はそう思っているし、またそうも信じている。私がここまで延々として書き続けてきた結論もすべてそこにある。そして私が言いたいのは、たとえそれが宗教に関することであっても、人はもう少し物事を常識的に考えてもいいのではないかということである。つまり最後の晩餐におけるイエスと弟子たちのやりとりは、もう少し曇りない心の鏡に映して、無心に解釈すれば、どうなるか。そのことを考えるべきなのだ。そうすればこの場の決定的意味は、イエスがその独特の表現と言い回しで、その密告者をユダに指名したことにあり、まさにそれ以外ではけっしてないということである。

そして、さらに驚くべきことは、この困難な役目を指名されたユダが、そのことに一言も抗弁せず、ただ確認だけにとどめてすべてを受け入れてしまうことである。私が思うに、もしユダが、普通の人間のように、あれこれ言い出して、その理由をイエスに尋ねるようなことがあったら、すべてはご破算になってしまったはずである。その危険性も、その怖れも十分あった。もちろんユダはそうすることもできた。ユダはただ一言、

「なぜですか」

そう尋ねればよかったのだ。そうすれば、その席にいる他の弟子たちも黙っていることができなかっただろう。しかしイエスとユダは、それを許さなかった。その断固たる姿勢は、イエスの尋常ならざる言動に表れている。それを窺うべく、ここでもう一度最後の晩餐におけるイエスの言葉がどのようなものであったかを、私は確認したい。勇気の要ることであるが、イエスは開口一番こう言っている。

「私はあなたたちに言う。あなたたちの一人で、私と一緒に食事をしている者が、私を売り渡すであろう」

「まさか、この私では」

たじろぐ弟子たちを無視して、イエスは言う。

「私とともに鉢のなかに自分の食物を持った手を浸す者、その者が私を売り渡すであろ

う。……その者にとっては、生まれてこなかった方がましだったろうに」

そう締めくくるイエスの、最後の言葉に注目していただきたい。私はこの言葉こそ、人類史上もっとも恐ろしい言葉ではないかと指摘し続けてきた。しかしヨハネを含め、イエスとユダの行動を一つ一つ丁寧に福音書内に追いつめていくと、この言葉に新たな光が射し込み始めていることに気づく。それは己を売り渡す者への怒りや呪いの言葉ではなく、むしろ避けられない運命を背負った者への尽きない思いであり、そのための愛惜の言葉だったことが明確になってくる。ここに至って初めて私のなかで、イエスという人間の比類ない偉大さと、その人知を超えた愛情の大きさを感じることが可能となる。

そうであればこそ、イエスは人類史上誰も遣えなかったこの言葉を、「最後の晩餐」という決定的な瞬間に繰り出し、すべてを決定してみせたのである。このように終止符を打たれたら、誰にも反論できなかったろう。私はそう思う。しかし世の中には愚か者も多い。もし仮に愚かにも反論したらどうなるだろう。そこには次のような場面が待っていたはずである。そうであるがゆえに、弟子たちは反論できず黙っていたのである。それは福音書内でペトロがイエスの受難告白に対して異を唱えた時、イエスが何と言ってペトロを叱責したかを、もう一度ここで思い出していただきたい。イエスは何とペトロに対して、

「サタン（悪魔）」

と呼び捨て、彼に向かって、

「消え失せろ」

と激怒し、

「お前は神のことがらを思わず、人間のことがらを思っているのだ」

と切り捨て、みなの前で激しく彼を叱責したのである。すでにこうした体験をしている弟子たちにとって、イエスの覚悟を決めた居丈高の態度に抗するすべはなかったのだ。そしてイエスの凄さはそうした状況のすべてをすでにはっきり読み切っていたことである。しかも時は、過越祭を目前にした最後の晩餐会の席である。時は間違いなく秒読み段階に入っていた。そうしたきわどい最後の晩餐の席を、イエスが己の運命を最後に決する場所に選び、しかもそれに対してユダが何の異も唱えず、むしろ悠然と応じたところに、私はイエスとユダの破格の人間像を感じる。二人は歴史のなかにおける自分たちの立ち位置を、正確無比に理解していた。そしてそれに対処すべき方法についても何もかも知っていた。さらに言えば、二人はこの時を措いて、他の時はないとも自覚していた。そう記述すれば、私でなくとも、おそらく凡人なら誰もが、この時でなくても、二人にとっての時は他にいくらでもあったのではないかと思うかもしれない。私もそう思ううちの一人である。

しかし、それは間違っている。なぜなら天才と言われるような人たちは、思った瞬間に決断し、そしてその線に沿って物事を見事に成就させていく人のことだからである。だから時に天才は、狂気じみていて、幼児に近い面ももっている。イエスにもそうした面は多々ある。しかしいずれにしろ、エルサレムの空に月が満ちていくように、時は刻々と動いて、最終章へと満ちていったのである。賽は投げられ、彼らの運命は決し、彼らは大きな山を越えたのである。そうした安堵のなかでの一同の賛美歌だったのだ。私はそう思う。それゆえ、私はユダの裏切りなどという事象を信じることはまったくできない。断固拒否する。馬鹿げているとさえ思う。むしろこの最後の晩餐の席こそ、イエスによる用意周到なユダ指名の席だった。そう思う時、初めて、私には、イエスが口にした最後の言葉、

「その者にとっては、生まれてこなかった方がましだったろうに」

という言葉の真の意味が初めて理解でき、そのすべてを解放し浄福せしめ、なおかつそうした状況が時代を越えて、私の心のなかへと染み込んでくることを感じる。それはイエス流の高度な慈愛に満ちた、同志ユダへの心からの言葉であり、自己への苦い自裁の言葉だった。そう理解することによって、初めてイエスの高貴なそして偉大な人格が初めて人類史上の不動のものとなる。そのようにして事は紆余曲折を経ながらも、この線上でなされていく。その一部始終を福音書内に辿ってみたい。

一同は賛美歌を歌いつつ、階段を下り外へ出て、いつものようにエルサレム城外の東

山麓にあるオリーブ山へと進んでいく。いつものようにそこで夜を過ごすためである。ユダは一行を見送り、そのままイエスの意を体して大祭司カヤパ邸へと、祭り前夜の混雑するエルサレムの路地を一人で走っていく。もちろん密告するためだった。そしてそのユダの目に涙があふれていたと私が書いたとしても、誰も私を非難しないと私は信じる。

さてその後のイエス一行の行動である。

オリーブ山へは城門を出てから、ケデロンの谷を渡って行かなくてはならない。その道々イエスが弟子たちに語ったとされる次のようなエピソードが、福音書には残されている。それを記載しつつ、イエスの深層心理に迫りたい。イエスは弟子たちにこう言う。

「今夜、あなたたちは、私につまずくであろう。……私は牧者を打つ。すると群れの羊は散り散りになるであろうと、書いてあるからだ。……しかしペトロは、それに答えて言った。

『他の者はつまずいても、この私はつまずきません』イエスは彼に言われた。

『お前に言う。今夜お前はおんどりが鳴く前に、お前は私を三度否認するであろう』

ペトロはそれに抗議した。

『たとえ私はともに死ななければならないとしても、私はけっしてあなたのことを否認いたします』他の弟子たちも、オリーブ山のゲッセマネへと歩きながら、みな頷いていた」

私は、このイエスと弟子たちのやりとりを見て、いかにもイエスらしい弟子たちとの別れの仕方だと思う。なぜならイエスは弟子たちが口ではそう言いながらも、結局は事態の正確な理解は何一つできていないと踏んでいたからである。彼らは結局決定的な瞬間が来るまで何も理解できないだろうと……。そしてすべては、いつものように過ぎていくだろうと……。そしてこうした曖昧な弟子たちの態度こそが、歴史に参加し得ない者たちの感覚なのである。

彼らは、ようやく夜のゲッセマネに着いた。そこが彼らのここ数日間のねぐらだったからである。

イエスは、弟子たちに次のような言葉を残してその場を去って行く。

「私が向こうへ行って祈りをするあいだ、お前たちもここで祈っていなさい」イエスはついて来た弟子たちと離れ、一人闇のなかで神に祈った。

「父よ、もしできることなら、この杯を私から、取り除いてください。……私の望むとおりでなく、あなたの望むとおりに……今私の魂は死なんばかりです。……父よ、もし、私が飲まないで過ぎ去ることができないものでしたら……あなたの意のままにしてください」

イエスは繰り返しそのことを祈った。イエスは自分を投げ出した。自分の心と、神の心を一致させるために、彼は懸命に一人懊悩したのである。しかしその切迫感は、ユダを除く弟子たちの誰にも伝わらなかった。イエスの苦悩をよそに、弟子たちはその間、睡魔に襲われ眠りこけてしまったのである。そしてその切迫した時は、夜の闇をとおして徐々にオリーブ山のゲッセマネへと近づいてきた。時の流れは容赦なかった。夜の海に潮が満ちるようであった。

そして、とうとうイエスの怒りは、次のように爆発する。すでにその時には、イエスたちのいるゲッセマネへと近づく松明《たいまつ》の光が、イエスの目にも見えていたのだと思う。

「このような時に、お前たちは、私の注意も聞かず眠りこけている。さあ立て、見よ、人の子が、裏切られて罪人たちの手に渡される時が近づいた」

近づいてきたのは、剣や棍棒で武装した一団だった。その先頭にユダがいた。辺りは闇に沈んで、松明の明かりだけが赤々と燃えていた。ユダはそのなかへと勇敢に進み出た。

「いいな、私が口づけする者が、その者だ、けっして間違うな」

ユダはそう言い放って、イエスに近づいた。

「師よ」

そう言いつつ、ユダはイエスに近づき接吻した。イエスは、ユダの問いかけに、

「友よ」

と答え、その接吻を静かに受け入れた。二人の呼吸に一分の隙も乱れもなかった。この情景について、幸か不幸か私は農耕民族に生まれていて、男同士が抱擁し、その親愛の情を示すために接吻する習慣をもたない。それゆえ、この場面の微妙な心理の綾を解きほぐす資格を持ち合わせていない。けれども巷間次のような解釈が存在することを私は知っている。それは弟子の方から、師に向かって抱擁したり接吻したりすることはないという説である。果たしてその説が、どれほどの真偽をもち、どれほどの妥当性をもっているものなのか、私にはわからないが、ただ言えることは、この瞬間は、まったくの非常時であり、通常の常識はまったく通用しない場面であることだけは、理解しなければならない。そしてそれだけで十分だが、しかし現実はそれ以上に衝撃的である。というのはこの決定的な瞬間に、しかも戦慄すべき決定的な証言が、この場面で生じているからである。しかもそれは、イエス自身の口から直に飛び出している。

「師よ」

と問いかけるユダに、イエスははっきりと、おそらくは万感の思いを託してユダに対し、

「友よ」

と答えているのである。おそらくこの言葉の背後には、イエスのユダに対する万感の

思いが込められていたはずである。私はそう思っている。考えてもみるがよい。一体全体この、

「友よ」

という言葉を、イエスはその人生において、ユダ以外のどの弟子に対して使用しただろうか。イエスがその生涯で、

「友よ」

と呼んだのはユダだけだった。そのことを考えれば、この言葉はある意味、イエスとユダの人間関係のすべてを白日の下にさらけだしている。そう言っていいと思う。そして私には、この二人の最後のやりとりは、その決定的証拠のようにも思われる。その意味でも、この言葉の意味はとてつもなく重い。

こうした緊迫したイエスとユダのやりとりの後、場面は一転して世俗的なシーンとなる。敵味方入り乱れての乱闘である。しかしイエスは最初から、こうした乱闘を嫌っていた。それだけは避けたかったはずだ。ヨハネのところでも触れたが、イエスとヨハネはセフォリスの悲惨な反乱を少年時に体験していたからだ。イエスは剣を手にする者たちに向かい次のように叫ぶ。

「剣を取る者は、剣によって滅びる」

それでもなお、事は収まらなかったようだ。イエスはなお、おそらくは舌打ちしなが

ら苦々しく官憲側を叱りつけた。

「お前たちは私を捕縛するのに、まるで強盗を捕らえるかのように剣や棍棒を持ってきたのか、私は日々神殿の前で人々に教えていたのに、お前たちは私を捕らえようともしなかった」

神殿前で、イエスが実力行使に及んだ時、官憲側はいくらでもイエスを捕らえることができた。なぜならイエスがそうなることを望み、いわばイエスの狼藉はイエス流の官憲側に対する挑発であり罠だったからだ。そしてもしその罠が有効に作用し、首尾よくイエスの思いどおりに事が運んでいれば、当然のことながらユダの密告も必要なく、友を裏切り者として扱う必要もなく、最後の晩餐の席であのような場面を演じる必要もなかったのだ。特に、弟子たちの嫉妬を抑えるためとはいえ、ユダに対し、人類史上もっとも恐ろしい言葉、

「……その者は生まれて来なかった方がましだったろうに」

という言葉を発せざるを得なかったイエスの心境を思えば、それこそ断腸の思いだったはずである。そうであれば、それらのことどもが慌ただしくイエスの胸中に去来したことも当然だったろう。そうであればこそ、

「師よ」

というユダの言葉に、間髪を置かず瞬時に、

「友よ」

と答えてみせたイエスの明敏さは、二人の間がどのようなものであったかを明白に物語っている。イエスはユダを、

「友よ」

と言うことで、互いの過去のすべてを許し合い浄福せしめたはずなのである。万感の思いと私が度々繰り返し言っているのはそのことなのである。そして当然のことながら、この際、さらに重要かつ重大なことは、こうしたイエスの深層心理の一切合切を理解し得る能力を、その受け手であったユダが持ち合わせていたことである。すべてはそこにかかっていた。もしユダが……イエスが望んだような能力を持ち合わせていなければ、すべては台無しになってしまう怖れもあったからだ。しかし、その心配は無用だった。その点に関して言えば、ユダはイエスが見込んだとおり、いやそれ以上に有能な人間だったからだ。ユダはイエスの予想どおり、一切の無駄口を叩かず、すべてを引き受けて動じなかった。ここまで来れば、私が再三にわたって気にし、問題にしている言葉、そう、

「……その者は生まれて来なかった方がましだたろうに」

という言葉のことなのだが、ここに至って考えてみれば、イエスのこの決定的な言葉に対抗できる知性の持ち主は、やはりユダ以外にはいなかったように思われる。その意

味でもやはりユダは偉大だったと思う。なぜなら、こうした人類史上希有な恐るべき言葉をイエスの脳裏に点灯させ、図らずも使用させた人物だったからだ。もしユダという受け手がいなかったなら、この言葉はけっして生まれ得なかったろう。私はそう思う。そしてユダはそのすべてを理解していた。しかもそれは彼の行動そのものが示している。一方、他の弟子たちはその後、歴史のなかでキリスト教の大聖人としてすべて扱われ、位置づけられるようになるが、しかし彼らは最後の晩餐のその決定的瞬間まで、イエスの決定的言葉、

「……その者は生まれて来なかった方がましだったろうに」

という言葉を真に理解し得るに十分な知性は持ち合わせていなかった。そしてそのことを、イエスもユダも知っていた。ある意味それは二人にとって好都合だったろう。なぜなら歴史とは、そもそもそういう人知を越えた不可思議な綾を、幾重にも織り込みながら進展するものだからである。だから他の弟子たちを笑うことも責めることもできない。我々は現に二千年もの歳月を費やしながらなお、イエスが発したこの言葉の真の意味を知らず、その底に潜んでいたイエスの真意を理解せず、同時にイエスをその背後で支え、かつイエスの真の十字架を自ら背負ってみせたユダという孤独な男の真の姿をも理解し得なかったのだから。

そうであれば、どうして弟子たちだけを笑うことができよう。そんな資格は誰にもな

い。福音書作者たちが、そうした事実を知っていたかどうかはわからないが、彼らはその先を次のように取り繕っている。

「……『しかし、すべては預言者たちの記した聖句が成就するために起きたことなのである』……その時、弟子たちはみな彼を捨てて逃げて行った。……」

と。さすれば、さすがに弟子たちも、この段階になってようやく事の真相を理解し、その線に沿って行動を開始したのかもしれない。そうも思えるし、そう思ってやりたい。

さて、その先のことである。第一弟子と自認し、他の弟子たちもそう認めていたペトロの動きについてである。ペトロも他の弟子たちと同様、一旦は蜘蛛の子を散らすようにその場を逃げた。逃げたが、彼は逃亡したわけではなかった。どういう行動を取ったかというと、彼はその後のイエスの動向を探る挙に出たのである。それが福音書内で有名になっているエピソード、つまりペトロの三度の否認である。その有様を福音書内に探ってみたい。多少退屈かもしれないが、ルカ福音書から以下引用する。

「彼らはイエスを捕縛し、大祭司の家へ連れて行った。ペトロはそのあとをつけて行った。人々が中庭の中央で火を焚いて座っていた。ペトロもそのなかに入った。それを見た下女が彼を咎め始めた。

『あなたはガリラヤ人のイエスと一緒にいました』

しかしペトロはみなの前でそれを否定した。

『あなたが何を話しているのか、私にはわからない』

そう言いつつ、ペトロはこっそり門のところへ移動した。しかしそこでも彼は別の下女に気づかれ、

『この人はナザレ人のイエスと一緒にいた男です』

と言われてしまう。ペトロは再び否定し、

『わたしはその人を知らない』

と誓って言った。周りの者たちが近寄って来て、言った。

『確かにお前は奴らの一人だ。なぜなら、お前のなまりが、それを証明しているではないか』

ペトロは言った。

『私はその人を知らないのだ』

そう叫んで、そのことを呪ったり、誓ったりした。するとおんどりが鳴いた。ペトロは、それを聞いて、イエスの言葉を思い出した。

イエスは彼にこう言っていた。

『お前は、おんどりが鳴く前に、三度私のことを否認するだろう』」

まさにイエスの預言と、ここでのエピソードが奇しくも一致していて、読む者の心を驚かせる。イエスの預言者としての面目躍如というわけである。しかし私は別の一面を

ここに見たいと思う。それはなぜペトロが、捕縛され大祭司カヤパ邸へと連行されたイエスのあとを、わざわざこのように追って行ったかということである。弟子たちは一旦は捕縛しにきた官憲側と闘い、次には蜘蛛の子を散らすように逃げ去った。福音書的に表現すれば「群れの羊は散り散りになった」のである。つまり彼らは、全員無事逃げおおせたことになる。夜であったし、オリーブ山という地勢が彼らを救ったということもできる。

しかし同時にこの時すでに弟子たちは、そうなることを予知していたのかもしれない。というのも、官憲側にすれば弟子たちなどもともと捕縛する気もなく、その意志もなかったからだ。そうであれば、彼らの闘いは単なる格好だけのものであり、ポーズであった公算が大きい。剣を振りかざしたり耳を切り落としたなどというのは、福音書作者たちの子供じみた脚色だろう。蜘蛛の子を散らしたように逃げたというのが、その事実に近いと私は思っている。そうであるがゆえに、彼らは師を官憲側に捕縛され拉致されても大して動揺もせず、イエス奪還の謀議も密議もしなかった。当然であろう。彼らにもようやく師イエスの心が、わかり始めていたからである。そうであればこそ、その後のイエスの消息が気になったのも当然で、それがペトロの行動になった。

その後、弟子たちは、イエスのその後の運命を、別人のように冷静に忍耐強く受け止めている。それはまさに十字架刑というもっとも屈辱的で、しかも当時巷間では、神に見放された者だけが受ける刑として流布されていた刑にもかかわらずである。なぜなら、それこそが、彼らが師と仰いだイエスの、真に望んだ道だと、ようやくにして彼らは気づいたからである。しかし人生の恐ろしさはそれだけではない。恐るべきことは、後世大聖人と呼ばれる弟子たちが、こうしてやっと到達した地点へ、別の道を辿って到着していた一群の人々がすでにいたことである。こう言いだせば、明敏な読者は、ああ、あのことかと察知されるかもしれない。そう……イエスのあとを急がず騒がず付き従っていた女たちのことである。

そのことにも私はこれから先触れていきたいが、その前に、イエスが彼を裁く大祭司カヤパや、ローマ総督ピラトゥス、さらにはガリラヤ領主アンティパスと渡り合い、十字架への道をどう切り開いていったかを、福音書のなかに辿ってみたい。その凄まじいやりとりの方が、私には断然興味深いからだ。そこにはイエスという男の並々ならぬ決意と強固な意志と、さらにはきわどくも厳粛な、彼の未曽有の綱渡りが展開されているからでもある。

それはけっしてユダに売られて勝ち得たようなものではなく、イエスが精魂を込め、自らがその意志の力で勝ち取った彼自身の人生のクライマックスであり、劇的な場面の連続でもあるからだ。それは言葉を換えて言えば、預言者イザヤの「苦難の僕」の幻影でもあり、同志ヨハネであり、ユダでもあり、背後で彼を支えた彼の家族たちそのものでもあった。イエスはそのようにして時代を超えていったのである。
その有様を、これから福音書内の彼の言動のなかに辿ってみたい。

イエスの闘争

ドラマの本質は、日常性を超えることにある。そして、時はまさにその時に向かって進んでいった。エルサレムは、翌々日に民族の祭典、過越祭を迎えることになっていたからである。その日ユダヤ人は、どの家庭でも子羊を屠り神に捧げ、その行為によって、神に己の罪の許しを乞う。その日をイエスは、まさに狙ったのである。そう言っては語弊があるかもしれないが、イエスがそうした時を明確に意識していたことは間違いなく、その日を選んだこともほぼ間違いない。なぜなら彼のエルサレムへと向かうその言動の端々には、再三にわたる受難予告をはじめ、そうした気配が満ちあふれているからだ。そして最後の晩餐は、文字どおりその最後のチャンスだった。もし二人が、二人というのはもちろんイエスとユダのことだが、彼らがぐずぐずしていれば、彼らはすべてを失ったはずだ。それほど時は切迫していたのである。

もちろんすべてを仕掛けたのは、イエスだったから、当然のことながら相手側は混乱した。なぜなら、祭りの最中にゴルゴタの丘で、十字架刑の処刑を行うことはできなかったからである。政治的にも宗教的にも人情の上でも、それを避けることは常識であり、タブーだった。祭りが翌々日なら、時間は当然のことながら、限られていた。イエスを連行したカヤパ邸では深夜にもかかわらず、即座に尋問が開始された。翌朝早々に行われるサンヘドリンの法廷に付すための調書が、どうしても必要だったからである。もちろんすでにイエスは、体制側にとって前々からマークされていた要注意人物だったから、それなりの材料と資料はすでに収集されていたが、それでもユダヤ人にとって最高の法廷であるサンヘドリンの法廷をスムーズに乗り切るためには、どうしても正確な調書が必要だった。それゆえ参考人や証人が、慌ただしくかき集められた。

裁判を主宰するのは、もちろん大祭司カヤパである。そしてユダヤ人にとって大祭司とは、神にもっとも近く、唯一エルサレム神殿の至聖所へ入ることが許された特別の地位に君臨する者であり、生きた神と称される者でもあった。それほどの権威者であったから、彼が言を左右することは許されず、彼の言葉は絶対だった。それゆえ彼が主宰する法廷での失敗はけっして許されず、もし失敗して恥を掻くようなことがあれば、即座にその名に傷がつき、たちまちその権威を失墜してしまうからでもあった。そのためにも準備は周到になされる必要があり、その落としどころも十分に吟味された。その点このカヤパという人物は、頭抜けて優秀であり、かつ狡猾だった。下からたたき上げてきた人間らしく、彼はまったく抜かりのない人間で、およそ神に仕える大祭司とは思えぬほどの悪辣さをもち、手練手管に長《た》け、己に対する二重三重の安全策すら考えていた。それは必要に応じ、ローマの権力を利用し、場合によっては領主たちの権力をも利用することだった。

つまり彼は神に仕える身でありながら、時に仮面をかぶり、得策だと思えば堂々と政治的にも振る舞うことのできる男だった。安全装置は二重三重に張り巡らされ、抜かりはなかった。万々が一、事が自分の思うままにならずとも、その時はすべての責任を他人に押しつける算段すら彼はしていた。その恐るべき用意周到ぶりを、これから福音書のなかに見ていくことにしよう。

言うまでもないが、今も昔も権力者が一番怖れるのは、自己責任を追及されることである。もちろんこのことは、大祭司カヤパに限ったことではない。同じことは、当時ユダヤの政治的最高権力者であったローマ総督ピラトゥスにも、地方の領主で、ここまで再三にわたって触れてきたヘロデ・アンティパスにも言える。彼らがどれほど自己責任を負うことを嫌がっていたか、その点を念頭に置きつつ、聖なる書といわれる福音書内を覗くと、そこには驚くべき人間の虚々実々の駆け引きが、激しく展開されていることがわかる。そしてさらに驚くべきことは、イエスがそうした権力者たちを相手にすべての事態を読み切りながら、己の欲する状況へと事態を動かしていく様である。その緊迫したやりとりの一つ一つは、二千年を過ぎた今日でも、今なお読む者の目を見張らせ、息を呑ませる凄さがある。そのやりとりをこれから見たいのだが、その前に、その場面の陰の立役者となっている大祭司カヤパについて、ヨハネ福音書に面白い寸評が載っているのでそれを紹介しておきたい。それによれば、

カヤパが、

「一人の人間が、民のために死ぬことは得策だ」

と、常々周囲の者たちに漏らしていた人物として、わざわざ紹介されていることである。

この寸評からわかることとは、カヤパという男は、大祭司という以上に政治的に有能な男だったということである。彼は数字に明るかった。そのことを念頭にイエスの最後のシーンを飾るこの男の言動を見てみよう。

カヤパは最高法院サンヘドリンの開廷に向け、長老や法律学者を集める一方で、参考人や証言者を集め、それぞれに証言させたがうまくいかなかった。その証言の一つ。

「私どもは、こいつが、俺は手で造られたこの神殿を壊し、三日後に手で造られない別の神殿を建ててみせると言うのを聞きました」

しかしこの証言で、イエスを死に追いやるのはいかにも弱すぎた。材料不足だった。やり手のカヤパには、そのことは十分わかっていた。もともと彼らが保持するユダヤ法のなかに、死罪である十字架刑は存在していないのである。その意味では、最高法院は

単なる通過点にすぎない。カヤパとすれば、彼の年来の主張である「一人の人間が、民のために死ぬことは得策だ」という主張を完遂するためには、何としてもイエスを政治犯に仕立て上げなければならず、そのうえでイエスをローマ総督ピラトゥスのところへ送り込み、そしてその結果として、その極刑である十字架刑の裁可を自分の手に勝ち取らなければならなかったからである。起訴する以上、そこまでもっていかなければ意味がなかった。ユダヤの宗教界に君臨し、生ける神と称される大祭司のカヤパにしても、それなりの手法と手間は必要だったのである。苛立ちを抑えつつカヤパは次の行動に移るべく、立ち上がった。そしてイエスに言った。

「お前は何にも答えないのか。これらの者たちがお前に逆らう証言をしているのに……」

しかし、イエスは黙ったままだった。イエスとすればこんなところで、ばかばかしい議論をして、道草を食うわけにはいかなかったのだ。彼は一刻も早くこの場を切り上げ、先へ進む必要を感じていた。そして歴史はまさにそのことを我々にも教えている。余計な時は、運命を変質させ、すべてを凡俗化させてしまうと。しかも時は限られていた。過越祭が、目前に迫っていたからである。そうした事態をイエスは明確に自覚していた。それゆえ彼は事態をその方向へもっていくために、巧妙に動いた。その言動は絶妙だった。私には、いかにも喧嘩上手のイエスらしく思われる。相手を手玉に取ることはもちろんともと「天性のラビ」であったイエスの得意とするところであり、真骨頂でもあった。イエスに関わる万巻の書を読んでいて、つくづく私が思うことは、おそらくこの世で、イエスに太刀打ちできるような人間は、一人として存在しなかったのではないかということである。そしてそのことに思い当たるたびに、私はつい溜息をついてしまう。

なぜならそこに展開されるイエスの言動、そしてそのひとつひとつに輝いている彼の知性、その背後に煌めく強さと優しさと厳しさ、その純粋さ、さらにそうした彼が繰り出してくるたとえの比類なき革新性と斬新さは、けっしてこの世のものとは思われないほどの魅力をもっているからである。おそらくイエスの声を聞いた者は、誰もがイエスをただ者とは思わなかったろう。なぜなら彼が織りなす景色のどの一つをとってみても、明らかにこの世とは違う世界が、そこに出現し展開していて、光はいつも七色のスペクトルを暗示し、その先にこの世とは明らかに違う世界を覗かせていたからだ。

イエスの作戦はこうだ。作戦などという下世話な言葉をもち出すのは、私が下世話な人間界に住む人間だからだ。おそらくイエスはそうした意識すらもたず、直感で父なる神との対話のなかに自分を見出し、その命ずるままに行動していたはずだ。しかしそれを人間界の手法に翻訳すれば、それは相手を挑発し怒らせることでもあった。人心掌握に長けていたイエスにとって、それはいとも簡単なことだった。権力者たちのどこをどう押せば彼らが操り人形のように踊り出すか、イエスはよく知っていたのである。それには彼らの意向を無視し、彼らの誇りを傷つけ、恥辱を与えることだった。それがどのように行われたかを見てみよう。マタイ福音書では次のように展開している。

先の引用の続きである。イエスに無視されたカヤパは、人前であったにもかかわらず、怒りを抑えかねて、あわや激怒するところだった。しかしそこは名うての老獪《ろうかい》な男だったから、彼は何とか冷静さを取り戻し、威厳を保ちつつ次のように言った。

「生ける神に懸けてお前に命ずる、我に言え、お前は、神の子キリストか」

生ける神とはもちろん自分自身のことである。カヤパもずいぶん派手に格好をつけたものである。それに対し、イエスの回答は、大胆不敵にも相手を一蹴し、絶妙に相手をはぐらかし、相手をからかった。

イエスは言った。

「あなた自身がそう言っている。そしてあなたたちは、人の子が力ある者の右に座し、天の雲とともにやって来るのを見るだろう」

もちろん「人の子」とは、イエス自身のことである。イエスは「生ける神」と自称して前のめりになってきたカヤパに痛烈なパンチをみまったのである。これらのやりとりは一見、何でもないように聞こえるかもしれないが、これは聖書ダニエル書からの引用でもある。つまりイエスの言わんとする言外の意味は、

「お前はそんなことも知らないのか」

という罵倒に近いものだった。知識があっただけに、カヤパは人前も忘れて逆上した。福音書作者は、カヤパのそうした心理を次のように描写している。

イエスの言葉を聞いたカヤパは、「自分の衣服を引き裂いて言った」という。まさかと思うが、そう書かれている。カヤパは一瞬我を忘れ逆上したのだろう。しかし大祭司ほどの男だ。一瞬にして己を取り戻すと、次のように叫んだ。

「この者は我々を冒瀆した。これ以上の証人がどうして要るだろうか。お前たちは聞いたのだ。この男の言うことを見たのだ。それならお前たちはいったいどう思うのだ」

一瞬にして攻守所を変えていた。現代流に言えばカヤパは事態を他人にふったのである。狡猾な大祭司は、周囲を巻き込む方向へと一気に踏み込んだ。彼のやり方はいつもこうだった。いざという時のために、彼は自分の身に責任が降りかかってくることを回避しておく必要があったのだ。そのために彼は、周囲の者の言質を取っておく必要があり、それが彼の常套手段でもあった。しかしそれにしても彼の機敏さはどうだろう。舌を巻く思いがする。これがカヤパという男の正体であり、彼のやり方だった。

そしてこのカヤパの発言は、これ以上事を長引かせ、紛糾させたくないという彼の本音も含んでいた。わかりやすく言えば、彼はさっさと事を進めたかったのである。何と言っても彼が主催しなければならない過越祭が目前にまで迫ってきていたからだ。その意味で言えば、カヤパという人物も並みの人間ではなかった。取り巻き連中も、彼の意向に即座に応じた。場面は次のように展開する。

福音書には次のように書かれている。カヤパの問いに、取り巻き連中は大声をあげ次のように連呼したという。

「断罪しろ、この者は死に値する」

それだけではなかった。マタイ福音書によれば、彼らはイエスの顔に唾を吐きかけ、平手打ちを浴びせ、拳《こぶし》で殴ったとある。それはまさにイザヤが、その預言書「苦難の僕」のなかで、歌い上げた者の姿そのものでもある。あまりにうまくできすぎていて、偶然の一致かと錯覚しそうである。それゆえ、この箇所は福音書作者の脚色が濃厚だと言えば、そうも言えるかもしれない。が……これに近い状況は当然あったものと思われる。

さて次の段階は、最高法院で有罪と断定したイエスを、ユダヤにおける最高権力者であったローマ総督ピラトゥスの前に立たせることだった。イエスを政治犯として仕立てるには、そのことがどうしても必要だったし、極刑である十字架上にイエスを吊し、その根を断つことは大祭司カヤパの願いでもあった。しかしこの作業は、常識的に考えると相当難しい問題を含んでいる。なぜならイエスは最初から宗教犯であって、政治犯ではなかったからだ。

それゆえ、イエスは三人の権力者、つまりローマ総督ピラトゥス、ユダヤ教大祭司カヤパ、ガリラヤ・ペレアの領主ヘロデ・アンティパスの間をたらい回しにさせられ、屋上屋を重ねるようにしてさらなるドラマを生むことにもなる。そしてそのドラマのなかで展開される虚々実々の駆け引きを見ると、人生というものが、どれほど多くの綾に彩られて進行するものかをまざまざと教えられるような気がする。それは万華鏡のなかの微細な破片が動くたびに、万華鏡のなかの世界が妖しく煌めき変形するのにも似ている。それを我々はこれから覗くことになる。

それはイエスのことである。イエスは大祭司カヤパ、ローマ総督ピラトゥス、ガリラヤ・ペレアの領主アンティパスの間をたらい回しにされながら、それでいて彼は間違いなく、すべてを主導し、主役としてのみ存在した。彼は主役として振る舞い続け、最後まで人の世の厳しい現実を見事に主導し続けた。そのことを我々はけっして忘れてはならない。イエスは犯罪者として被告席に立たされ、罵声を浴びせられ、唾を吐きかけられ、時に殴られ、蹴られながら、それでいて彼は自分が主役であることをはっきり最後まで自覚していた。その自覚のうえで、彼はその役割を見事に演じ、全身で受け止め、なおかつ最後まで巧みに裁判を主導して見せたのである。

その様は、彼が日頃弟子たちに繰り返し語り続けた受難予告そのままであり、イザヤの「苦難の僕」そのものでもあった。そしてもしこうした事実と背景を事前に知っていれば、ことがイエスの予告どおり進展していく様は、まさに人類史上最大のドラマであり、それは単なるドラマに留まらず最大のスリルでもあり、同時に最大のクライマックスをも含むことになる。しかしながらそれにしても、どうして我々は今日まで、そのことに気づかなかったのだろう。そのことのほうに、私は驚かされる。皮肉を言うつもりはないが、おそらく皮肉に聞こえるだろう。不徳のいたすところだが、それでもそのことをあえて怖れずに言えば、つまり我々はイエスが言うように、見えるものも見ず、聞こえるものも聞かずに今日まで来たのである。

つまり我々は、わかりやすく言えば、盲目聾唖の輩の群れということになる。今もなおそうである。イエスはまさにそうした輩のなかを生きたのである。時に絶望的な思いにさらされながら、しかし同時に彼の偉大さは、そうした人々のなかにあってもけっして希望の光を失わなかったことにある。その証拠に、彼は無理解な弟子たちに囲まれながら、自己を信じ十字架への道をまっしぐらに突き進んだ。その行為はそのまま無能な弟子たちに投影されることになった。

イエスの死後、事態はどうなったか。歴史はそのことを知っている。なぜならそれまで凡庸な人間の典型だった弟子たちが人変わりしたように変身し、彼らは変身しただけでなく、イエスの教えをそのまま全身で受け止め、過酷な布教に耐え、全員が殉教者への道を歩み、大聖人へと成長していったからである。それこそが、まさに奇跡の道と言っても過言ではないと私は思っている。イエスの偉大さ、そして宗教の偉大さも、そここにこそ潜んでいると私は思う。

そのことを念頭に、イエス主導で展開していく裁判の様子をさらに福音書のなかに辿ってみたい。

最高法院を経て、イエスは即座にローマ総督ピラトゥスの前に立たされ、その尋問を受ける。その時のピラトゥスの尋問、

「お前はユダヤ人の王なのか」

「それはお前の言っていることだ」

こうなっては、言う方も言い返す方もすでに尋常ではない。すでに互いにあとに引けないからだ。しかし、この問答で、相手を挑発しているのは、ピラトゥスではなく間違いなくイエスの方だった。ピラトゥスはそうしたイエスにさじを投げ、イエスをカヤパ側に差し戻す。その口上は次のようなものだった。

「私は彼に何の科《とが》も見出さない」

しかしピラトゥスはそう言った後、ユダヤ人たちの心証を損ねることを怖れ、次のような言葉を加えて、懐柔策に出ている。権力者の苦労も並大抵ではない。彼にすれば早朝からわざわざ出向いて来たユダヤ人たちを、手ぶらで帰すわけにもいかなかったのだ。

「ところで、どうだ。過越しの祭りにあたって、私がお前たちのために罪人を一人釈放

するということができるという慣例がある。それならどうだ、一層のことあのユダヤ人の王を自分たちのために釈放してはどうかな」

ピラトゥスの真意は、それが皮肉だったのか、それとも単なるユダヤ人に対するご機嫌取りだったのか。定かではないが、しかしその時ユダヤの聴衆は、ピラトゥスの意に反して一斉にこう叫び出したという。

「この男ではない。バラバだ」

バラバという男の名は、初めてここで飛び出してくる。言っている意味は、釈放するのはイエスではなく、バラバにしてくれという意味である。バラバは今で言うところの過激派テロリストであり、政治犯として当局に捕縛されていた者である。当てが外れたピラトゥスは当然面白くなかった。そうかといって総督である自分が、ユダヤ人の意のままに動くことは、なお一層面白くなかった。そこで彼は一計を案じ、その場から引っ込むと、複雑な細工を施して、再びユダヤ人たちの前に出てくる。その委細がヨハネ福音書に次のように書かれている。少々長いし、子供じみてもいるが、それだけに面白いのでそのまま引用してみることにする。今流に言えばきわめてアニメ風であり、とても二千年前の光景とは思われないし、また唖然ともする。しかし人間感情というものは、古今東西、身分の上下を問わず、案外このようなものかもしれない。多少入り組んでいるが、私の真意は十分理解してもらえると思う。

茨による戴冠

ヨハネ福音書には次のようにある。

「そこで、この時、ピラトゥスはイエスを引き取って鞭打たせた。兵士たちは茨で冠を編み、彼の頭に載せた。また、紫の衣をまとわせた。そして彼のところに来ては、

『ユダヤ人の王様、ご機嫌よろしゅう』

と言うのであった。また、彼に平手打ちを食らわせたりしていた。ピラトゥスは再び外に出て来た。そして彼らに言う、

『さあ、お前たちのため、彼を外に引き出すぞ、私が彼のうちになんの科も見出さないことを、お前たちも知るように』

それでイエスが外に出て来た。茨の冠と紫の衣を着けていた。ピラトゥスが彼らに言う、

『見よ、この人だ』

すると、大祭司と下役たちは、彼を見ると、

『十字架につけろ、十字架につけろ』

と言って叫んだ。ピラトゥスが彼らに言う、

『お前たちが自分たちで彼を引き取って、十字架につけろ。私は彼に科を見出さないのだ』

しかしユダヤ人たちは、ピラトゥスの言うことを聞かなかった。彼らは、

『十字架につけろ』

と連呼するばかりであった。

『こいつは、ユダヤの全土で教え、民を煽動しているのです。それも、ガリラヤから始めてここにまで至ったのです』」

聴衆が言わんとするところは、であるから早く政治犯として処罰し、十字架刑に処してくれということだった。しかしローマ総督であるピラトゥスにすれば、自分の尋問ではその事実がはっきり摑めなかった以上、そう簡単にユダヤ人たちの言うことを聞くことは面白くなかった。当然だろう。ピラトゥスは苦肉の策として次のような行動に出た。

「そこでこれを聞いたピラトゥスは、この人物がガリラヤ人かどうか尋ねた。そしてヘロデの司法管轄下の者と知ると、彼をヘロデのもとへ送致した。……ヘロデは、イエスを見てひどく喜んだ。彼のことを聞き及んだことにより、かなり前から彼を見てみたいと願っていたからである。そこで彼は、いろいろ言葉を費やしてイエスに尋ねたが、イ

エスの方は彼に何一つ答えなかった。また、祭司長たちと律法学者たちはそこに立って、激しく彼を訴えていた」

彼らの熱意や思惑にもかかわらず、イエスはまったく彼らを相手にしなかった。怒った彼らは次のようにイエスを扱った。

「そこでヘロデも、彼の兵士たちと一緒にイエスを侮り、なぶりものにしてから、けばけばしい衣をはおらせてイエスをピラトゥスのところへ送致した」

イエスを送り返されたピラトゥスは仕方なく、次のような行動を再び起こす。起こさざるを得なかったのだろう。彼は祭司長たちと指導者、聴衆を集めて、次のように宣言する。

「お前たちは、この人物が民を惑わす者だとして、わしのところへ連れて来た。しかし……お前たちが訴えているような罪はなんら見出せなかった。ヘロデもそうだ。彼をわしらのもとへ送致してきたからだ。……彼は死に値するようなことは何もしておらぬ。したがってわしは、彼を鞭打った後、彼を釈放してやろう」

当然のことだった。ピラトゥスとすればできるだけのことをし、そのうえでの結論だった。しかしユダヤの民は、それでことを済まそうとはしなかった。彼らはピラトゥスが思いもしなかった恐るべき反撃に出てきたのである。福音書は次のように事態を進めている。

「我々には律法がある。その律法によれば、奴は死ななければならない。奴は自分を神の子としたのだから」

この声にピラトゥスはひるんだ。というのも、彼はユダヤ人たちが、彼ら独自の宗教をもっていることに、改めて気づかされたからである。ピラトゥスには思い出したくもない苦い経験があった。というのも、ピラトゥスは就任そうそうこのユダヤ人の独特の宗教観を甘く見て、ひどい目にあわされたことがあったからだ。ピラトゥスは慌ててイエスに尋ねる。

「お前はどこからの者なのか」

しかしイエスは黙して語らない。ピラトゥスはさらにイエスに言う。

「私にはお前を釈放する権力もあり、お前を十字架につける権力もある」

そのことがわからぬのか。ピラトゥスはイエスに向かって、そう叫びたかったであろう。しかしそうした彼の耳に聞こえてきたのは、恐るべきユダヤ人たちの次のような言葉だった。

「この男を釈放すれば、お前は皇帝の友ではない。自分を王とする奴はみな、皇帝に逆らう奴だ」


民衆たちが口にしている言葉の意味するところは意味深長だった。あろうことか、それはローマ総督ピラトゥスを、ローマ皇帝への反逆者呼ばわりしていることだったのだ。ピラトゥス自身この事件で、まさか自分がここまで追い詰められようとは、思いもしなかったはずである。しかしながら訴訟がうまくいかない時、ユダヤ人たちが彼に向かって口にする常套句は、決まって、

「お前は皇帝の友ではない」

というものだった。それはユダヤ人たちの腹いせであり、同時に彼に対する脅しでもあった。もちろんそんなことは彼にも重々わかっていたが、彼にすればまさかこんな些細な事例で、自分自身が、

「皇帝の友でない」

などと声高に叫ばれるとは夢にも思ってもいなかった。こうなっては、さすがのピラトゥスもおしまいだった。打つ手がなくなったのだ。それゆえピラトゥスは、相当面白

くなかったにもかかわらず、それでも彼はローマ総督として次のように決断しなければならなかった。その模様が、ヨハネ福音書には次のように綴られている。

「ピラトゥスはこれらの言葉を聞くと、イエスを外に引き出し……ヘブライ語でガッバタといわれる場所で、裁判の執務席に着席した。過越祭の準備の日のことで、時刻は第六刻の頃であった。そしてユダヤ人たちに言う、

『見よ、お前たちの王だ』

するると彼らが叫んだ、

『殺せ、殺せ、奴を十字架につけろ』

ピラトゥスが彼らに言う、

『お前たちの王を私が十字架につけるのか』」

そう言うピラトゥスの顔面には、間違いなく複雑な感情が浮かんでいたはずである。それはある意味ローマ総督としての屈辱であり、恥辱であり、同時にそれはユダヤ国民に対する彼の精一杯の皮肉であり嘲笑でもあった。私はそう思う。それに対する大祭司の答えは、さらにふるっている。

「皇帝陛下のほかに、私どもに王はございません」

大祭司カヤパはそう答え、すばやく事態を飲み込んで、矛を収めた。これが権力者同士の会話なのである。ここまでいけば、権力者とは、つまりは狐と狸の化かし合いであり、ヨハネもイエスもユダも、こうした輩を相手に常に生きていたのである。

そして私の文章もここで終わるのが、おそらくスマートというものであろう。しかし私の抱えている現実は、そうはいかないのである。福音書のなかで、しかも最後に書かれたとされるヨハネ福音書はさらに、ことの顚末を次のように続けている。悪趣味と思われようと、福音書がそうなっているのだから仕方がない。人生には事のついでということもある。読者も嫌がらずにこの先を、あと少し付き合ってもらいたい。

つまり先ほど触れた、ピラトゥスとカヤパの、つまりは、狐と狸のあの化かし合いの続きである。

人々はイエスを引き取った。イエスは自分で重い十字架を担わされ、町中を引き回され、ヘブライ語でゴルゴタと言われるところへと連れて行かれた。彼らはそこでイエスを十字架につけるつもりだった。

「ピラトゥスは罪状書きまで用意し、それをイエスの十字架の上につけた。それには、『ユダヤ人どもの王、ナザレ人のイエス』

と書かれていた。この罪状書きをユダヤ人たちの多くが読んだ。イエスの十字架につけられた場所が町に近かったからであり、またヘブライ語、ラテン語、ギリシャ語で書かれていたからである。そこで、ユダヤ人の祭司長たちはピラトゥスに言った、

『ユダヤ人どもの王』

と書いたままにしないでください。あの男が、

『私はユダヤ人どもの王だ』

と言ったと書いてください」

こうした状況を目の当たりにすると、実に当事者という者はきわめて微細な細部にも拘る能力を保持している者だということがわかる。

「それに対して、ピラトゥスは次のように応じてこたえた。

『書いたことは、私が書いたのだ』」

ある意味その回答は見事だし、意地の張り合いも、押し問答もここまでくれば、まさに歴史的事項になる。その好例だと思う。

おわりに

最後に、個人的な思いについて触れておきたい。個人的な思いだから、客観的資料など一切ない。証拠もない。ただ福音書を読み終えるにあたって、どうしても触れておきたいことがある。それはイエスの母マリヤについてである。

若きミケランジェロの傑作に「ピエタ」という母子像がある。ピエタというのは慈悲、あるいは慈愛、敬虔という意味で、若きミケランジェロはイエスの遺体を抱くマリヤの姿をそう表現し、名品として歴史に残した。その彫像は静寂さをそのまま内部に湛え、現在もなお荘厳な光を放っている。それは間違いなくイエスを膝の上に抱くマリヤの姿なのだが、その表情は母とは思えない女性の可憐さを同時に持ち合わせていた。その所為《せい》だったと思うが、私は若き日、その魅力に惹かれて、わざわざ一人でイタリアまで出かけて行ったことがある。真夏の暑いローマで往生した。ピエタは、サンピエトロ大聖堂の薄暗い一角にひっそりと佇んでいた。近くに売店があり人通りも多く、ざわついていた。私はその前に立って、しばしそのピエタ像と対面していた。そしてそのとき見たピエタ像が、今も鮮やかに私の胸に残っている。

そしてその残像こそが、私の人生における不可思議な時の経過そのものだったのかもしれない。今はそうだと思っている。というのも、イエスを語る時、私はどうしてもこの我が子を膝に抱くマリヤの像を思い浮かべてしまうからだ。いったいその時の彼女の思いは、どのようなものだったのだろうかと。しかし、そうした私の個人的な思いは、福音書のどこにも見当たらない。それゆえに、私は何度も福音書を開いた。しかしその箇所はどこにもなかった。その意味では、聖書もまた我々の人生に似て、そのなかに多くの未完の時と、大きな欠落部分をそのまま内包しているものなのかもしれない。そう思う。そしてそう思うと同時に、私はイエスについて、少なからず不満に思うことがある。

というのはイエスは生前、あれほど弱者や女性たちに心を寄せながら、なぜその母について多くを語ろうとせず、疎遠のままに逝ったのか。その謎が、どうしても私の心に残ってしまうからである。そうした思いに駆られると、私はつい福音書作者たちにも、愚痴をこぼしたくなる。たとえその時代が、どのように厳しい女性蔑視の時代であったにせよ、そのことにこそ触れなければその本来の責務を果たしたことにならないのではないか。

福音とは言うまでもない。良き知らせという意味である。そしてこの世の半分以上が女性であることを思えば、イエスの恐るべき斬新なメッセージは、その女性たちにこそ向けられたはずのものでもあった。その視点に立って、今一度福音書をひもといて見ると、私の言っていることとは明らかに矛盾するが、そのなかにひどく私の心に残るシーンがある。

そう記したうえで、最後に私は次のような女性たちの群像を書き記して、これまでの長い文章を終わりたい。それはイエスの最期のシーン、つまりイエスが十字架上で息絶える瞬間の情景についてのものである。

それは次のようなシーンになっている。十字架刑を見ようと集まってきた群衆を、福音書は次のように記している。

「この光景を見ようと集まってきていた群衆はみな、起こったことを見やり、胸を打ちつつ帰って行った」

胸を打ちつつとは、現代でも中近東に残る激しい悲しみの表現方法であるだけに、私にもそうした群衆の気持ちはよくわかる。問題の表現はその次である。それはイエスに関係した女性たちについてのものである。引用するのは最初に書かれたとされるマルコ福音書の記述である。

「さて、女たちも遠くからそれを見ていた。そのなかには、マグダラのマリヤと小ヤコブとヨセとのマリヤ、そしてサロメもいた。これらの女たちは、彼がガリラヤにいた時、彼に従い、彼に仕えていた者たちである。そして、彼とともにエルサレムへのぼって来た多くの女たちもそこにいた」と。

この描写……つまりイエスに関係する女性たちは、群衆に交じりつつイエスの十字架刑を「遠くから見ていた」とある。まさに淡々とした描写である。そしてここでの女性たちはその後十字架に処刑されたイエスの遺骸を処置するために、つまり具体的にはイエスの遺骸に塗油を施すために、香料を買いに行くのである。そこでの女たちは、あの無能な弟子たちの混乱ぶりとは著しい違いを見せている。彼女たちの行動は明らかに違っている。彼女たちは落ち着いており、そこにはこれといった激しい悲嘆もなければ動揺もない。それを単なる女性たちの諦念とか現実主義と言って見過ごすことはできない。なぜならそこには、すでに早い段階から女性たちがイエスの避けられない運命を察知しており、その意志まではっきり彼女たちが見切っていたと思えるからである。つまり彼女たちはイエス一行に付き従いながら、イエスの意志がどこにあるのかをすでに知っていた。私にはそう思われてならない。イエスに付き従った女性たちの心のなかに浮かんでいたイエスの姿は、まさにイエスが神の小羊として召されて、間違いなく天国に上るべく、その十字架に上ることだと知っていたことにほかならないのである。そしてそれこそがイエスが望んだ「苦難の僕」のまごうかたなき姿であり、その人生であり、その意志そのものだったということである。

そうであれば、イエスに付き従った女性たちが、何らの動揺も見せることもなく、静かにしかも冷静にイエスの死を受け入れたことも、当然だったと思われる。そうであるがゆえに、そこにこそ人間イエスのまごうことのない実像が、まさに二千年の時を経て、今日初めて我々人類の前に鮮やかに浮かび上がってくるのだと、私はそう思っている。

あとがき

振り返って、わかることもあれば、わからないこともある。それが人生ではないか。中学生じみたことを言うようだが、現在の私はそのような思いに包まれている。イエスとの出会いは、はるかな昔のことで、子供の頃だったと記憶するが、その出会いがまさかこのような本になろうとは思いもしなかった。最初の私の関心は、イエスよりユダの方にあったからだ。ユダは「裏切り者のユダ」として最初から名高く、その身に悪という重い荷物を背負っており、しかも謎の多い人物だったから、私にはそれだけ格好の対象だったように思う。

ユダに最初に出会った時、私は「なぜユダはイエスを裏切ったのだろう?」との思いを強くもった。不思議なのは、その思いがそのまま私の人生の同伴者になったことである。不思議と言えば実に不思議だが、しかしこの種の不思議さは、人それぞれの人生にもあるのではないか。そうも思うし、そうした人生の不思議さがあってこそ、人はそれぞれの思いを胸に、人生という不思議な時空を彷徨《さまよ》っていくものかもしれない。そしてそうした連鎖のつながりが重なって今回の作品になったようにも思う。

もちろん私は最初から、本書にあるようなイエスを胸に抱いたわけではない。けれどもユダという特異な人物を追っているうちに、思いは次第に、その光源であったイエスのほうへと傾いていった。イエスは誰もが知っているように、今から二千年も前の人である。それゆえ彼に関するデータは、ジグソーパズル的なものを含めても多くはない。だからそれらを並び替えても、それだけでイエスが簡単に浮かび上がってくるわけでもなかった。しかしイエスはその一方で、過去二千年間キリスト教の教祖としての歴史を背負い、三位一体の主人公として存在し、奇跡物語の主人公としても生き続けてきた。つまり神ならぬ身でありながら、神として扱われてきたのである。こうした背景をもつイエスを、いわば二十一世紀の視点からその実像に迫ろうとすることは、当然のことながら無謀なことであり、同時に顰蹙《ひんしゅく》を買い、なおかつ強い非難をも甘受しなければならないだろう。そのことは当然、予想されるし覚悟もしている。

しかし今回私は、二十一世紀を生きる人間としてそのことが必要なことだとも考えた。なぜなら、それはとりもなおさず、二千年前にユダヤの地に生きた一人の若者に近づく道そのものだと思ったからである。そしてそうした地点に立ってみると、実にイエスという若者は誰も持ち合わせていない桁外れの魅力と、驚嘆すべき行動力を持ち合わせていた。それは人類史上希有のものだったし、同時に想像を絶するものでもあった。そのことは、福音書内の彼の会話が余すことなく現代の我々に伝えている。そしてその場に立って彼の声を耳にすると、そこから聞こえてくるものは、まさに人間イエスの肉声に他ならなかった。

そこに聞こえるものは、人間イエスの苦悩であると同時に、彼の果敢な決断力や、多くの人々に愛された彼の人柄や、無私の精神、そして高貴な人格そのものでもあった。そしてそれこそが彼の尽きることのない人間的魅力でもあった。私が惹かれていった水脈も、まさにそれだったと思う。そしてそこに立った時、私は初めて聖書における様々な問題や疑問が、私の内部で次々に氷解していくのを感じた。それは雲間に浮かんだエルサレムの青い空のようだった。二千年前、その青い空の下で、イエスとヨハネとユダは、いったいどのようなことを夢み、どのようなことに悩みながら、過ぎゆく時に思いを馳せたことだろう。そうした思いにも私はしばしば、足を止めさせられた。そして足を止めるたびに、彼らと彼らの人生にこのような形で同道できたことを、このうえない幸せだったと感じている。それはある意味、私自身の十字架だったかもしれない。

二〇一四年十一月十日

晩秋の日差しの中、山茶花の花を見ながら

日暮 晩夏

参考文献

・イエス時代の日常生活Ⅰ・Ⅱ・Ⅲ　ダニエル・ロブス著、波木居斉二、波木居純一訳、山本書店
・ユダヤ古代誌　フラウィウス・ヨセフス著、秦剛平訳、山本書店
・ユダヤ戦記　フラウィウス・ヨセフス著、新見宏訳、山本書店
・旧約聖書の世界　高橋正男著、時事通信社
・イエスとその時代　荒井献、岩波新書
・イエス時代の背景　S・サフライ著、有馬七郎訳、ミルトス
・山本七平の旧約聖書物語　山本七平、三省堂
・聖書の舞台とその歴史　浅井正三、中央出版社
・イエス時代のユダヤ教　J・ニューズナー著、長窪専三訳、教文館
・失われた福音書　バートン・L・マック著、秦剛平訳、青土社
・旧約ダイジェスト　吉永正義、コンコーディア社
・イエス・キリストの探求　愛とは何か・生きるとは何か　八木誠一、産報
・地図とあらすじで読む図説聖書　船本弘毅監修、青春出版
・図説・イエス・キリスト　聖地の風を聞く　河谷龍彦、河出書房新社

・イエスの生涯　E・ルナン著、忽那錦吾・上村くにこ訳、人文書院
・図解雑学キリスト教　挽地茂男、ナツメ社
・雑学聖書　山我哲雄、PHP研究所
・新聖書地図　朝倉邦造、朝倉書店

※福音書の引用はすべて、「新約聖書Ⅰ、Ⅱ、Ⅲ」（岩波書店、1995〜6年）からのものです。

〈著者紹介〉

日暮 晩夏（ひぐれ ばんか）

本名　岡本 正臣（おかもと まさおみ）

1943年、愛知県に生まれ、刈谷市で育つ。

1966年、立教大学文学部日本文学科卒業。

1968年、立教大学大学院修了。

その後、高校教諭を経て、現在に至る。

著書『徳富蘆花』（岡本正臣、清水書院、1967年）、『ユダ』（晩夏、幻冬舎ルネッサンス、2011年、電子書籍）、『この子誰の子　おしゃぶりゴン太に首ったけ』（日暮晩夏、幻冬舎ルネッサンス、2013年、電子書籍）。『イエスの実像　彼が歩んだ十字架への道』（日暮晩夏、幻冬舎メディアコンサルティング2020年、電子書籍）

本書は、2015年５月、文藝春秋より刊行された単行本『イエスの実像　その十字架への道』を、加筆・修正して文庫化したものです。

イエスの実像《じつぞう》　彼《かれ》が歩《あゆ》んだ十字架《じゅうじか》への道《みち》

2020年５月12日　第１刷発行
2024年８月８日　第４刷発行

著　者　日暮晩夏《ひぐればんか》
発行人　久保田貴幸

発行元　株式会社 幻冬舎メディアコンサルティング
〒151-0051　東京都渋谷区千駄ヶ谷4-9-7
電話　03-5411-6440（編集）

発売元　株式会社 幻冬舎
〒151-0051　東京都渋谷区千駄ヶ谷4-9-7
電話　03-5411-6222（営業）

印刷・製本　シナジーコミュニケーションズ株式会社
装　丁　町口　景（MATCH and Company Co., Ltd.）

検印廃止

Printed in Japan
ISBN 978-4-344-92825-1　C0016
幻冬舎メディアコンサルティングHP
http://www.gentosha-mc.com/